Tolksdorf
Dynamischer Wettbewerb

D1720305

REIHE

GABLER KOMPAKT

H. Beyer u.a.
Das Kreditgeschäft
– Einführung in die Grundlagen –
ISBN 3-409-13536-7

J. Christmann u.a.
Kosten- und Leistungsrechnung
– Einführung in die Grundlagen –
ISBN 3-409-13552-9

A. Forner
Volkswirtschaftslehre
– Einführung in die Grundlagen –
ISBN 3-409-16010-8

G. Goldammer
Informatik
für Wirtschaft und Verwaltung
– Einführung in die Grundlagen –
ISBN 3-409-13539-1

V. Peemöller
Bilanzanalyse und Bilanzpolitik
– Einführung in die Grundlagen –
ISBN 3-409-13534-0

H.-J. Stadermann
Geldwirtschaft und Geldpolitik
– Einführung in die Grundlagen –
ISBN 3-409-13542-1

M. Tolksdorf
Dynamischer Wettbewerb
– Einführung in die Grundlagen –
ISBN 3-409-18307-8

H. Zschiedrich
Binnenmarkt Europa
– Einführung in die Grundlagen –
ISBN 3-409-13535-9

In Vorbereitung

K. Bösl/J. Koch
Investition und Finanzierung
– Einführung in die Grundlagen –
ISBN 3-409-13516-2

G. Cermann
Das Außenhandelsgeschäft
– Einführung in die Grundlagen –
ISBN 3-409-12998-7

O. Hahn
Betriebswirtschaftslehre
des Bankwesens
– Einführung in die Grundlagen –
ISBN 3-409-13537-5

V. Peemöller
Unternehmensbewertung
– Einführung in die Grundlagen –
ISBN 3-409-13556-1

MICHAEL TOLKSDORF

DYNAMISCHER WETTBEWERB

EINFÜHRUNG IN DIE GRUNDLAGEN DER DEUTSCHEN UND INTER- NATIONALEN WETTBEWERBSPOLITIK

- Wettbewerbsfunktionen
- Wettbewerbsleitbilder
- Wettbewerbstheorien
- Wettbewerbsbeschränkungen
- Kontrolle von Kartellen, Bindungen und Behinderungen
- Konzentration, Fusionskontrolle und Mißbrauchskontrolle

GABLER KOMPAKT

Die Deutsche Bibliothek – CIP-Einheitsaufnahme

Tolksdorf Michael:
Dynamischer Wettbewerb : Einführung in die Grundlagen der
deutschen und internationalen Wettbewerbspolitik / Michael
Tolksdorf. – 1. Aufl. – Wiesbaden : Gabler, 1994
   (Gabler kompakt)
   ISBN 3-409-18307-8

Der Gabler Verlag ist ein Unternehmen der Verlagsgruppe Bertelsmann International.

© Betriebswirtschaftlicher Verlag Dr. Th. Gabler GmbH, Wiesbaden 1994

Lektorat: Dr. Walter Nachtigall

Das Werk einschließlich aller seiner Teile ist urheberrechtlich
geschützt. Jede Verwertung außerhalb der engen Grenzen des
Urheberrechtsgesetzes ist ohne Zustimmung des Verlages un-
zulässig und strafbar. Das gilt insbesondere für Vervielfältigun-
gen, Übersetzungen, Mikroverfilmungen und die Einspeicherung
und Verarbeitung in elektronischen Systemen.

Höchste inhaltliche und technische Qualität unserer Produkte ist unser Ziel. Bei der
Produktion und Verbreitung unserer Bücher wollen wir die Umwelt schonen. Dieses
Buch ist auf säurefreiem und chlorfrei gebleichtem Papier gedruckt. Die Buchver-
packung besteht aus Polyäthylen und damit aus organischen Grundstoffen, die weder
bei der Herstellung noch bei der Verbrennung Schadstoffe freisetzen.

Die Wiedergabe von Gebrauchsnamen, Handelsnamen, Warenbezeichnungen usw. in
diesem Werk berechtigt auch ohne besondere Kennzeichnung nicht zu der Annahme,
daß solche Namen im Sinne der Warenzeichen- und Markenschutz-Gesetzgebung als
frei zu betrachten wären und daher von jedermann benutzt werden dürften.

Satz: Text, Grafik & Software, Dresden
Druck und Bindung: Wilhelm & Adam, Heusenstamm
Printed in Germany

ISBN 3-409-18307-8

Inhalt

Teil I: GRUNDLAGEN DER WETTBEWERBSTHEORIE

1. Das Erkenntnisobjekt: Wirtschaftlicher Wettbewerb

"Insgesamt zeigen die aktuellen Wettbewerbsprozesse vor allem in der mikroelektronischen Industrie, aber auch in der deutschen Automobilindustrie sowie in anderen Branchen, daß auch die jeweiligen Marktführer ihre Wettbewerbsfähigkeit immer erneut unter Beweis stellen müssen und es somit in einer funktionsfähigen Marktwirtschaft keine uneinholbaren Wettbewerbsvorsprünge gibt." (Bundeskartellamt 1991/92, S. 6)

In der nüchternen Sprache des Bundeskartellamtes, dessen Aufgabe der Schutz des Wettbewerbs vor Beschränkungen ist, wird die herausragende Bedeutung des wirtschaftlichen Wettbewerbs für eine Marktwirtschaft deutlich: Dieser Wettbewerb ist ein Prozeß, der die wirtschaftlichen Handlungs- und Entscheidungsträger unter Druck setzt. Sie müssen Leistungen erbringen und diese am Markt erfolgreich verkaufen. Sie können sich nicht auf irgendwelchen vergangenen Lorbeeren ausruhen, weil immer wieder andere Unternehmen am Markt ihre Führungspositionen untergraben, sie überholen und verdrängen wollen. In einer wettbewerblichen Marktwirtschaft kann sich niemand seiner ökonomischen Lage sicher sein; die *Dynamik des Wettbewerbs* läßt unternehmerische Imperien entstehen, aber durchaus auch untergehen.

1.1. Wettbewerb in der sozialen Marktwirtschaft

Wird hier ein sozial-darwinistisches Bild der ökonomischen Artenauslese gezeichnet, die Skizze einer Ellenbogengesellschaft, die ohne Solidarität zueinander den Kampf ums Überleben führt: Der Sieger erhält alles, der Verlierer den Untergang? Paßt das in ein Wirtschaftssystem, das sich *Soziale Marktwirtschaft* nennt?

Folgt man dem Namensgeber der Sozialen Marktwirtschaft, Alfred Müller-Armack, so ist diese eine "bewußt gestaltete marktwirtschaftliche Gesamtordnung", deren wichtigstes "Koordinierungsprinzip" der Wettbewerb ist: "Auf der Basis der Wettbewerbswirtschaft (ist) die freie Initiative mit einem gerade durch die marktwirtschaftliche Leistung gesicherten sozialen Fortschritt zu verbinden." (Müller-Armack, S. 390) Damit wird ein anderer Anspruch erhoben als der, eine Ellenbogengesellschaft zu schaffen – im Gegenteil, erst die durch den Leistungsanreiz einer *Wettbewerbsordnung geschaffenen wirtschaftlichen Werte* lassen es zu, einen Sozialstaat auch tatsächlich materiell auszustatten, oder, wie es Müller-Armack an derselben Stelle sagt, "*ein vielgestaltiges und vollständiges System sozialen Schutzes*" zu errichten. Was nützte es einem Sozialrentner, seine Monatsrente in wertlosem Geld zu erhalten, dem keine Kaufkraft, also kein wirtschaftlicher Wert, gegenübersteht? Erst die durch Wettbewerbsdruck stimulierte Leistung der Volkswirtschaft gibt die Grundlage dafür, die Jahrtausende alte Geißel des Alterselends für die meisten Menschen zu überwinden, zumindest in den wohlhabenden westlichen Industriegesellschaften.

1.2. Definition des Wettbewerbs

Die Wissenschaft hat es bis heute nicht geschafft, eine einvernehmlich geltende Definition zu entwickeln. Immer wieder wird mit gutem Grund darauf verwiesen, daß der marktwirtschaftliche Wettbewerb ein wandelbares, vielgestaltiges, entwicklungsfähiges und widersprüchliches "Phänomen" sei, das sich ungern in die Zwangsjacke einer abgesegneten Begriffsbestimmung einpressen lasse. Selbst der Gesetzgeber, der mit dem seit 1958 gültigen *Kartellgesetz* ("Gesetz gegen Wettbewerbsbeschränkungen", abgekürzt GWB) eben diesen Wettbewerb vor Beschränkungen schützen wollte, hatte passen müssen: Nirgendwo im Gesetz findet sich eine Definition dessen, was als Wettbewerb vor Beschränkungen bewahrt werden soll. Dasselbe gilt für die zweite wettbewerbspolitisch wichtige Rechtsquelle, den *Art. 85 des EWG-Vertrages* als der Grundlage der *supranationalen Wettbewerbspolitik* der *Europäischen Union* (EU).

Dennoch gibt es Begriffsbestimmungen. Schuster definiert den Wettbewerb "*als das Streben von zwei oder mehr Personen bzw. Gruppen nach einem Ziel ..., wobei der höhere Zielerreichungsgrad des einen in der Regel einen geringen Zielerreichungsgrad des(r) anderen bedingt.*" (S. 20. So übernommen auch von Schmidt, S. 1 f.)

10

Diese erste Definition ist sehr allgemein; sie läßt sich auch auf andere Lebensbereiche übertragen, die wettbewerblich gestaltet sind – zum Beispiel auf einen künstlerischen Wettbewerb in Form einer Ausschreibung. Der siegreiche Entwurf des Kunstwerks und dessen Ausführung stellt einen hohen Zielerreichungsgrad des Künstlers dar, der damit den geringeren Zielerreichungsgrad des zweitplazierten Konkurrenten bedingte.

Daher muß die Definition konkretisiert werden. Das tut Bartling wie folgt: *"Grundsätzlich läßt sich feststellen, daß es beim Wettbewerb auf Märkten um das Rivalisieren von Marktteilnehmern um Geschäftsabschlüsse – und damit für die Tauschpartner um Auswahlmöglichkeiten unter mehreren Alternativen – geht, indem ... die Anbieter oder Nachfrager ihren Tauschpartnern günstige Geschäftsbedingungen (Preise, Produktqualitäten, Absatz und Vertriebsvorteile) einräumen."* (S. 10)

Warum treiben nun die Wirtschafter miteinander Wettbewerb? Die Antwort auf diese Frage wird selten gegeben. Meistens geht die Wissenschaft davon aus, daß das Konkurrenzverhalten so etwas wie eine natürliche menschliche Verhaltenskonstante sei. Heidrun Abromeit greift diesen Gedanken auf: *"Die Ursachen des Wettkampfs können sowohl in der Knappheit des Begehrten als auch im bloßen Rivalitätstrieb liegen; in jedem Fall aber bedeutet der Versuch, sich gegen Konkurrenten durchzusetzen, einen Leistungsanreiz, der den Wettbewerb zur erwünschten sozialen Beziehung macht."* (S. 553)

Wirtschaftlicher Wettbewerb wird auf der Grundlage dieser beispielhaft angeführten Definitionen als die in Marktwirtschaften mit privaten Entscheidungsbefugnissen anzutreffenden Rivalitäten verstanden, mit denen Marktteilnehmer ihre einzelwirtschaftlichen Ziele mittels überlegener Leistung durchzusetzen versuchen, wodurch gesamtwirtschaftliche Ziele wie Wohlfahrtssteigerung und Freiheitssicherung erreicht werden.

1.3. Wettbewerbsprozesse

Bei den Definitionsversuchen sollte man nicht zu lange verweilen. Spannender ist es sicherlich zu prüfen, was auf Märkten geschieht, auf denen Unternehmen im Wettbewerb stehen. Die Wissenschaft sieht daher eine wesentliche Aufgabe darin, die Wettbewerbsprozesse zu bestimmen, also anzugeben, was in wettbewerblicher Dynamik auf Märkten geschieht. Dabei läßt sich ein breit akzeptierter

Idealtypus eines Wettbewerbsprozesses bestimmen. Dieser vollzieht sich als ein Vorgang des Handelns und der Reaktion auf dieses Handeln.

Maßgeblich dafür sind die Vorstöße von Unternehmen, die mit ihrer Marktposition nicht zufrieden sind und aktiv eine Verbesserung ihrer Lage anstreben. Diese Erkenntnis weist auf eine breit angelegte Bereitschaft zu wettbewerblichem Handeln, weil es kaum Unternehmen gibt – selbst hoch profitable Marktführer mit Spitzenprodukten –, die in jeder Hinsicht ihre Stellung im Markt derart begeistert akzeptieren, daß ihnen keine Verbesserungen mehr einfallen. Sie könnten beispielsweise erneut die Preise senken, um ihren Marktanteil auszuweiten. Sie könnten aber auch die Produktqualitäten verbessern, die Kosten senken, die Werbung intensivieren, den Kundendienst ausweiten, ihre Forschungsaktivitäten steigern, weitere Auslandsmärkte erschließen.

Wenn diese Maßnahmen mehr als nur geringe Wirkungen zeigen, also Märkte so weit beeinflussen, daß die anderen Anbieter daran nicht tatenlos vorbeigehen können, dann kann man diese Unternehmer vom Typus her als *Pioniere* bezeichnen, die *Innovationen*, Neuerungen, einführen. Diese Innovationen lassen sich systematisch unterscheiden in

– *Prozeßinnovationen*, die den Produktionsvorgang erheblich verändern, z. B. durch die Einführung von Industrierobotern bei der Fertigung oder den Ersatz der Fließbandfertigung durch Gruppenproduktion;

und

– *Produktinnovationen*, die die Einführung eines neuen Produktes darstellen, das von den Nachfragern als eine wesentliche Verbesserung bekannter Produkte oder als Schöpfung eines neuen Erzeugnisses angesehen wird.

In der Realität werden beide Innovationsvorgänge Hand in Hand gehen. Wer ein neues Produkt entwickelt, macht sich gleichzeitig Gedanken um eine angepaßte neue Fertigungstechnik; wer neue Produktionsverfahren einsetzt, kann mit diesen verbesserte Waren erzeugen.

Was geschieht durch das Auftreten der Pionier-Unternehmer? "*Als Konsequenz eines erfolgreichen Wettbewerbsvorstoßes sehen sich die Konkurrenten des aktiven Unternehmens in ihrer Wettbewerbsposition bedroht. Je größer die Absatzeinbußen sind, die sie hinnehmen müssen, desto stärker ist der Zwang zu reagieren.*" (Berg 1992, S. 242)

Zum Wettbewerbsprozeß gehört somit eine zweite Gruppe von Unternehmern: Es sind die *Imitatoren*, die Nachmacher dessen, was als Pionierleistung auf die Märkte gelangt ist. Das ist eine theoretisch-analytische Unterscheidung, um sich die *Wechselseitigkeit der Wettbewerbsdynamik* vor Augen zu führen: *Vorstoß* und *Verfolgung*, *"Challenge"* und *"Response"*.

Diese Erkenntnis greift die Marktgegebenheit auf, daß sich jeder Unternehmer wenigstens einige Male in seiner Firmengeschichte in der Rolle des Innovators findet. Andererseits hat jeder Unternehmer zum Beispiel auf Ausstellungen und Messen die Neuentwicklungen der in- und ausländischen Konkurrenz erlebt und beschlossen, diese Innovationen aufzugreifen, um im Wettbewerbsdruck nicht unterzugehen.

Dabei wird selten nur töricht kopiert. Ohnehin verhindern das in vielen Fällen Patent- und gewerbliche Schutzrechte. Vielmehr wird versucht, in die *Imitation auch eigene Entwicklungsideen* einzubauen. Damit ändert sich das Produkt auf eigene, originelle Weise, so daß die Imitation gleichzeitig zum Teil auch Produktinnovation ist, die ihrerseits variierende Nachahmer stimuliert, aktiv zu werden. Daher gilt: *"Marktwirtschaftlicher Wettbewerb wird ... als ein dynamischer, also nicht lediglich mechanisch ablaufender Prozeß dargestellt, als Abfolge von Vorstoß und Verfolgung, als Sequenz von Innovation und Imitation, als Aktion und Reaktion, von Zug und Gegenzug, von 'challenge und response', als Wechsel von initiativen, aggressiven und defensiven Phasen."* (Berg 1989, S. 1)

1.4. Wirtschaftliche Macht

Aufbauend auf den Definitionen wirtschaftlichen Wettbewerbs und den Beschreibungen dynamischer Marktprozesse bei Wettbewerb wollen wir uns dem Phänomen der wirtschaftlichen Macht zuwenden.

Macht erscheint in widersprüchlicher Wirkung:

Einerseits setzt wettbewerbliches Handeln am Markt voraus, daß die Unternehmer und Konsumenten frei sind, ihre Ziele zu bestimmen und durchzusetzen. Macht kann dazu führen, daß diese Freiheit beseitigt und der Wettbewerb beschränkt wird;

andererseits braucht der vorstoßende Pionierunternehmer, der den nach Schumpeter benannten *Prozeß der schöpferischen Zerstörung* (S. 81 ff.) betreibt, indem er Überlebtes beseitigt und Neues hervorbringt, die notwendige Macht, um die Kräfte des Beharrens am Markt zu überwinden.

Macht kann einerseits den Wettbewerb ausschließen, sie kann ihn andererseits überhaupt erst ermöglichen.

In beiden Fällen spielt der Erfolg am Markt die entscheidende Rolle: Manche Unternehmen setzen ihre Macht ein, um den Wettbewerb zu beseitigen und die Märkte zu beherrschen – und steigern damit ihre Gewinne. Andere Unternehmer benutzen ihre Macht, um neue, profitable Produkte am Markt einzuführen und die Produktionstechniken kostensenkend zu revolutionieren – und steigern damit ihre Gewinne: Die ersten beseitigen, die zweiten stimulieren den Wettbewerb.

Sprechen Wettbewerbstheoretiker von Macht, dann beziehen sie sich meist auf die mittlerweile klassische Definition Max Webers, wonach Macht die *Chance sei, seinen Willen gegen den widerstrebenden Willen anderer durchzusetzen* (vgl. v. Eynern, S. 263). Derartige Machtstellungen sind regelmäßiger Bestandteil gesellschaftlich-wirtschaftlicher Bedingungen, die sich weder wegdiskutieren noch wegverordnen lassen.

Da die Wettbewerbspolitik mit Machtstellungen auf den Märkten leben muß, besteht die Notwendigkeit, die Macht differenziert zu betrachten. Es gilt zu unterscheiden zwischen der Macht, die den Wettbewerb ausschließt und die wirtschaftliche Freiheit lähmt, und derjenigen, die den Wettbewerb anregt und neue Handlungsspielräume eröffnet.

Als bedeutsamstes Unterscheidungskriterium hat sich die *Zeitdimension* herausgestellt: Macht, die *vorübergehend* im Zuge der ständigen Vorstoß- und Verfolgungsphasen am Markt auftritt, ist wettbewerblich notwendig und erwünscht. Daß dabei der Pionierunternehmer zeitweilig alleiniger Anbieter – "Monopolist" – seiner neuen Produkte ist und dementsprechend eine Art von "Monopolprofit" kassiert, wird problemlos akzeptiert. Diese überdurchschnittlichen Gewinne entschädigen für Aufwand und Risiken der Produktentwicklung und Markteinführung und sind insofern ein wichtiger Anreiz für jeden Marktteilnehmer, ebenfalls schöpferisch tätig zu werden.

Solche Gewinne sind aus einem weiteren Grunde erwünscht: Sie regen nachhaltig den Zustrom imitierender Unternehmer an. Was anderes als gute Gewinnchancen veranlaßt Menschen, ihre Kraft und ihr Geld für die Herstellung begehrter Güter und Dienste einzusetzen und damit Nachfragern zu dienen, die sie persönlich gar nicht kennen?

Die starke Marktstellung des Pioniers wird gelegentlich als *Schumpeter-Monopol*, er selbst als "Monopolist auf Zeit" (H. Berg) bezeichnet.

Dem steht der Monopolist gegenüber, der den Markt *auf Dauer* beherrscht, der also *permanente Macht* ausübt. Die Folge ist, daß "der Wettbewerb nicht mehr oder nur noch unvollkommen funktioniert." (Arndt 1981, S. 54) Auch wenn es

14

nicht ganz leicht ist, sich eine andauernde Machtposition vorzustellen, hat die herrschende Wirtschaftstheorie das Modellbild einer Monopolpreisbildung entwickelt, das als statisches Modell ohne Zeitdimension "auf ewig" angelegt ist. Dieses geht auf einen französischen Mathematiker aus der ersten Hälfte des 19. Jahrhunderts, Auguste Cournot, zurück und beweist, daß die Marktpreise im Monopol höher und die Marktversorgung mengenmäßig schlechter sind als bei Vorherrschen von Wettbewerb. Dementsprechend kann die Bezeichnung *Cournot-Monopol* (H. Berg) für den "Monopolisten auf Dauer" gewählt werden.

H. Arndt (1981, S. 54 ff.) hatte die Erkenntnis der Macht auf Märkten vertieft, indem er nachdrücklich zwei Machtphänome unterschied:

– die *Marktmacht*, die zur Beschränkung des Wettbewerbs auf einem Markt führt, weil z. B. die Unternehmer vertraglich den Wettbewerb untereinander beschränken (die Bauunternehmer einer Region sprechen die Angebotspreise für öffentliche Aufträge ab: *Kartell*) oder weil ein Großunternehmen allein den Markt kontrolliert (es hatte Konkurrenten aufgekauft und bei sich eingegliedert: *Konzernbildung*);

– die *Partnermacht*, die darin besteht, daß ein dominantes Unternehmen seinem Geschäftspartner die Preise und Konditionen diktieren kann, obwohl es selbst den betreffenden Markt nicht beherrscht. Als Beispiel hierfür wird die Macht von Filialbetrieben des Handels herangezogen, die den von ihnen individuell abhängigen Zulieferern Preisnachlässe, Regalmieten und Werbungszuschüsse, Listungsgebühren und Filialzuschläge abverlangen.

Diese Unterscheidung wird an späterer Stelle bei der Behandlung wettbewerbspolitischer Instrumente der Machtkontrolle wieder aufgegriffen. Es ist ein wesentlicher Unterschied, ob die Wettbewerbspolitik gegen die Vermachtung eines ganzen Marktes durch einen Großkonzern eingreift, oder ob sie versucht, das vielfältige Geflecht von Abhängigkeiten zwischen einzelnen Unternehmen zu regeln und dabei zu verhindern, daß diese Abhängigkeiten im Einzelfall mißbräuchlich ausgenutzt werden.

1.5. Beziehungen von Wettbewerb und Macht

Zusammenfassend lassen sich die Beziehungen zwischen Wettbewerb und Macht vereinfacht darstellen, wie das in Abbildung 1 geschieht:

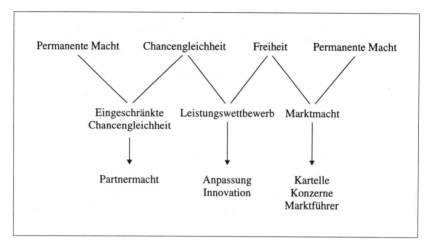

Abbildung 1: Wettbewerb und Macht (nach Arndt 1981, S. 55)

Dynamischer Wettbewerb mit erfolgreichen Anpassungen und Innovationen setzt gleiche Möglichkeiten der Handelnden auf den Märkten und Wettbewerbsfreiheit voraus.

Wird Chancengleichheit durch permanente Macht eingeschränkt, so entstehen Abhängigkeiten mit der Gefahr, daß ein Unternehmen ein anderes ausbeutet: das Phänomen der Partnermacht.

Findet die Wettbewerbsfreiheit ihre Einschränkung durch permanente Macht, so entsteht die Beherrschung eines Marktes durch *marktmächtige Kartelle und Konzerne*.

Daraus folgt, daß es nicht das Ziel der Wettbewerbspolitik ist, "jede Machtentstehung zu verhindern und Macht an sich zu bekämpfen. Das Problem besteht vielmehr darin, Macht nur dann zu beseitigen, wenn sie die Wirksamkeit des Wettbewerbs beeinträchtigt, d. h. wo sie den Wettbewerb beschränkt, also 'restriktiv' ist." (Hoppmann 1977, S. 11) Die wettbewerbliche Dynamik auf Märkten bedarf der Macht des Handelns.

2. Wirtschaftliche Wettbewerbsleistung: Die Wettbewerbsfunktionen

Wenn, wie Arndt in Übereinstimmung mit der herrschenden Wettbewerbstheorie herausstellte, die Freiheit der wirtschaftlichen Handlungsträger in einem Umfeld wirksam wird, das diesen gleiche Chancen einräumt, dann beobachten wir dynamischen Wettbewerb auf den Märkten. Leistungswettbewerb war für ihn der Inbegriff aller Anpassungs- und Innovationsvorgänge, die auf Märkten nicht nur idealtypisch auftreten, sondern durchaus die tägliche Realität bestimmen.

2.1. Wettbewerbsfreiheit

Freiheit und Macht auf Märkten müssen keinen Gegensatz darstellen, sondern bedingen sich wechselseitig. Man könnte dieses Verhältnis "dialektisch" nennen; die Dialektik begriff sich ja ursprünglich als eine allgemeine Theorie des Zusammenhangs und der Entwicklung. Hier bezeichnet Dialektik das Gesetz von der Einheit und dem Kampf der Gegensätze, also einerseits dem Gegensatz von Macht, die Freiheit beschränkt, und andererseits der Freiheit, Macht auszuüben und damit Marktdynamik zu bewirken. Macht und Freiheit bedingen einander wechselseitig, um wettbewerbliche Marktprozesse zu gestalten.

Aus diesem Grund betrachtet die moderne Theorie des Wettbewerbs Freiheit und Macht nicht von vornherein als unversöhnliche Gegensätze. Es gilt vielmehr der dialektische Dreischritt von These – Antithese – Synthese: Macht mag Freiheit anderer eingrenzen (These), aber deren verbleibende Handlungsfreiheit verringert die Macht des Pionierunternehmers (Antithese); als Ergebnis erscheint die Entwicklung des Anpassungs- und Innovationswettbewerbs (Synthese).

Das unterscheidet diesen Ansatz, wie wir später sehen werden, von ideengeschichtlichen Vorgängern. Insbesondere die neoklassische Theorie des *vollkommenen* Wettbewerbs hat modellmäßig nachgewiesen, daß nur bei totaler Abwesenheit von Macht perfekter Wettbewerb möglich ist. Dieses Modell, das sei im Vorgriff gesagt, besticht zwar durch vollkommene Determiniertheit, enttäuscht aber die Wettbewerbspolitik durch seine realitätsfernen Annahmen. Es wird heute für die Analyse wettbewerblicher Marktprozesse nicht mehr herangezogen.

Dimensionen der Freiheit

Freiheit besitzt neben der wettbewerbspolitisch gewollten Handlungsdynamik einen gesellschaftspolitischen Wert an sich. Sie ist in zahlreichen Verfassungen moderner Wirtschaftsgesellschaften verankert. Im Grundgesetz sind die Grundfreiheiten nach Artikel 1 bis 19 Ausdruckformen möglicher Ansatzpunkte auch wirtschaftlicher Freiheit.

Es ist unbestrittenes Erfahrungswissen, daß die wirtschaftlich-technische Entwicklung seit der industriellen Revolution erheblich vorangeschritten ist, wobei man ein Ende dieser Entwicklung nicht bestimmen kann. Je weiter dieser Prozeß voranschreitet, desto unverzichtbarer ist sogar die Freiheit des Denkens als Grundlage für die Freisetzung menschlicher Kreativität. Wenn sich in wettbewerblichen Marktwirtschaften Freiheit manifestiert, dann sowohl in der Fülle neuer Ideen und Erfindungen ("Inventionen"), als auch in einer möglichst großen Zahl erfolgreicher Umsetzungen von Inventionen in marktgängige Neuerungen ("Innovationen"), also in "neue Produkte, neue Verfahren, neue Konzepte bei Beschaffung, Absatz und Finanzierung, bei Organisation und Planung u. a. m." (Berg 1989, S. 1)

Bezogen auf Märkte läßt sich Freiheit in Anlehnung an Herdzina (1993, S. 12 ff.) wie folgt darstellen:

– als *formale* Freiheit im Sinne des Fehlens von Zwang oder
– als *materiale* Freiheit im Sinne der Möglichkeit zum Handeln.

Ersteres ist der vielfach vom Liberalismus des 19. Jahrhunderts verwendete Freiheitsbegriff, der den vom Staat ausgehenden Zwang gegen die einzelnen Staatsbürger ablehnte. Die Begriffe *Gewerbefreiheit* sowie *Vertragsfreiheit* bezeichnen im juristischen Sinn diesen Freiheitsbegriff, der davon ausgeht, daß sich zwei etwa gleich starke und wohlinformierte Partner gegenüberstehen, die ihre Interessen vertraglich ausgleichen, ohne daß ihnen der Staat dazwischenreden sollte.

Der zweite Aspekt von Freiheit bezeichnet die tatsächliche Fähigkeit, die angestrebten Ziele auch durchzusetzen. Er setzt die Verfügung über wirtschaftliche Mittel, Ressourcen, voraus, um wirksam werden zu können. So mag jeder formal frei sein, ein modernes Kohlekraftwerk zu betreiben. Diese Freiheit geht ins Leere, wenn die finanziellen Mittel fehlen, diese Anlage zu bauen und einzurichten.

Jeder Konsument weiß kraft seiner Lebenserfahrung die beiden Freiheiten klar zu unterscheiden: Er ist frei, das Traumhaus mit Swimming Pool zu kaufen (formale

Freiheit); leider fehlt ihm das Geld (materiale Freiheit), sich diesen Traum zu erfüllen. Und so hofft er weiter auf die sechs Richtigen im Lotto.

Die Wettbewerbslehre geht noch einen Schritt weiter, wenn sie die freiheitssichernde Wirkung der wettbewerblichen Dynamik herausstellt. Die Sicherung der Handlungsfreiheit auf den Märkten ist gleichzeitig der beste Schutz gegen die dauerhafte Vermachtung der Märkte durch *Cournot-Monopolisten.* Diese Sicherung kann z. B. durch das Offenhalten der Märkte für den Zugang neuer Anbieter gewährleistet werden, indem bereits existierende Unternehmen ihre Produktpalette erweitern und den vermachteten Markt zusätzlich bedienen oder aber die Landesgrenzen für die Konkurrenz durch Importanbieter geöffnet werden. Zusätzliches Angebot schafft Entscheidungsalternativen für die Nachfrager: Zwischen Alternativen entscheiden zu können, ist wesentlicher Ausdruck von Freiheit.

2.2. Anpassungsfunktion des Wettbewerbs

Welche Aufgabe soll die Wettbewerbsdynamik bei der Lösung einer wesentlichen Steuerungsaufgabe der Marktwirtschaft erfüllen, nämlich bei der Anpassung des Angebots von Gütern und Diensten an Änderungen der Bedürfnisse der Nachfrager?

Die Antwort auf diese simpel erscheinende Frage ist für Volkswirte von großer Bedeutung, um die Leistungsfähigkeit einer Marktwirtschaft für die Erfüllung gesamtwirtschaftlicher Aufgaben einschätzen zu können. Wirtschaften bedeutet permanente Überwindung von Knappheit; Haushalten heißt – wie schon zu Zeiten des klassischen Griechenlands, wo der Haushalt, "oikos", den Begriff der Ökonomie geprägt hatte – mit knappen Mitteln umzugehen, um die Belange der Menschen bestmöglich zu befriedigen.

Auch in modernen Wirtschaften sind die Mittel bzw. die Ressourcen trotz des Begriffs "Überflußgesellschaft" unverändert knapp, wenn man sie an der Gesamtheit aller privaten und öffentlichen Bedürfnisse mißt. Betrachtet man die aktuelle Verschuldung der öffentlichen Haushalte, des Staates, in Höhe von mehr als zwei Billionen DM, so zeigt sich sehr deutlich Knappheit trotz allgemeinen Wohlstands: Der Staat konnte angesichts seiner Aufgaben viel zu wenig Mittel in Form von Steuer- oder Gebühreneinnahmen einnehmen als er verausgabte.

Die bestmögliche Überwindung der Knappheiten setzt somit voraus, daß man die verfügbaren Mittel bzw. Produktionsfaktoren, also das vorhandene Sachkapital

(Anlagen, Maschinen), die vorhandenen Bodenschätze (Ackerland und Forsten, Erze) und nicht zuletzt die verfügbaren Arbeitskräfte mit ihren verschiedenartigsten Qualifikationen bestmöglich einsetzt, um die privaten und öffentlichen Bedürfnisse optimal zu befriedigen. Dieser bestmögliche Ressourceneinsatz wird als *"optimale Faktorallokation"* bezeichnet. Es geht hier also um eine *Steuerungsaufgabe*: Wer lenkt den Faktoreinsatz, damit das angestrebte Ergebnis bestmöglich erreicht wird?

Marktwirtschaftliche Lenkung

Da die Marktwirtschaft ein zentrales Lenkungsamt nicht kennt, findet diese Steuerung des optimalen Ressourceneinsatzes über die Preis- und Mengenermittlung auf den zahlreichen Märkten statt. Ein Preisanstieg signalisiert eine gestiegene Nachfrage, also eine größere Knappheit. Dieses Signal soll dann dazu führen, daß ein erweitertes Angebot auf diesen Markt strömt, womit die Nachfrage befriedigt wird. Dieses gewachsene Angebot führt wiederum zu einem gewissen Preisverfall, der signalisiert, daß ein weiterer Zustrom von Anbietern nicht mehr erforderlich ist, weil die Knappheit überwunden wurde.

Analytisch gesehen spielt sich der Vorgang so ab, wie er in Abbildung 2 anhand des Marktmodells für das Produkt Rohöl dargestellt ist.

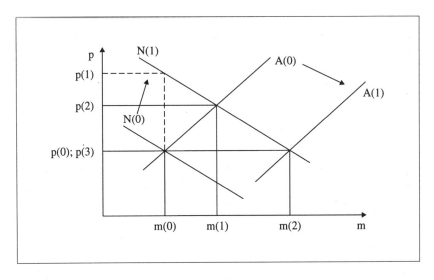

Abbildung 2: Marktmodell für das Produkt Rohöl

In der Ausgangslage hat sich bei gegebener Angebots- und Nachfragesituation ein Preis von p(0) bei einer Absatzmenge m(0) ergeben. Jetzt möge sich die Nachfrage nach Rohöl von der ursprünglichen Nachfrage N(0) auf N(1) erhöhen; die Gründe können darin liegen, daß man die Tanks vor Wintereinbruch füllen will, daß ein Krieg im Fördergebiet droht, so daß sich alle schnell noch eindecken wollen, oder daß ein Wirtschaftsaufschwung einen erhöhten Ernergiebedarf bedingt.

Markttheoretisch ergeben sich drei Anpassungsphasen:

1. In *kurzfristiger* Betrachtung trifft die erhöhte Nachfrage auf das in wenigen Tagen nicht vermehrbare Angebot A(0). Damit können die Preise kurzfristig sehr stark in die Höhe schnellen, auf p(1).

2. In *mittelfristiger* Betrachtung können sich die Ölförderländer und die Tanker- reedereien unter gegebenen Bedingungen auf eine erhöhte Förderung und einen erweiterten Transport einstellen. Das Angebot kann bei gegebenen Quellen und Schiffen durch höhere Pump- und Fahrleistungen ausgeweitet werden. Die Menge steigt auf m(1), damit geht der Preis auf p(2) zurück; befindet sich aber immer noch über der Ausgangslage mit ihrer geringeren Nachfrage.

3. In *langfristiger* Betrachtung besteht die Möglichkeit, daß angesichts des höhe- ren – und damit gewinnträchtigeren – Preisniveaus neue Ölquellen erschlossen werden, womit sich das Angebot auf A(1) erhöht. Damit gelingt eine weitere Überwindung der Knappheit der Ölversorgung, womit der Preis p(3) markt- theoretisch auf das Ausgangsniveau fällt, während die abgesetzte Menge auf m(2) steigt.

Marktdynamik

Damit ist in markttheoretischer Betrachtung der Anpassungsprozeß zu einem Abschluß gekommen. Die *Dynamik der Märkte hat zur vollen Befriedigung der gewandelten Verbrauchernachfrage geführt*: Die Mengen sind wie gewünscht gestiegen; der Preis hat sich letztlich nicht verändert. Daß die Preise vorüberge- hend angestiegen waren, ist ein Phänomen des Anpassungsprozesses, von dem die Lenkungswirkung ausging: Was anderes als die höheren Preise und besseren Gewinnerwartungen hat denn die Anbieter veranlaßt, tatsächlich das Angebot auszuweiten, also die Knappheit zu überwinden?

Diese Frage weitet den Blick von der reinen *Marktmechanik* in ihrem fast maschi- nengleich festgelegten Ablauf hin zu den Unwägbarkeiten eines *dynamischen*, durch das Handeln von Menschen beeinflußten Ablaufs auf einem wirklichen

Markt. Wer sagt bzw. garantiert denn, daß die Anbieter sich tatsächlich so verhalten wie modellmäßig unterstellt? Warum halten sie nicht das Angebot bei der Ausgangsmenge m(0) und nehmen auf Dauer die Preischancen für sich wahr, die ihnen der Markt überraschend anbot? Wer garantiert andererseits, daß die Preise wegen eines unkoordinierten Zustroms nicht sogar unter das alte Marktpreisniveau fallen – hatte nicht die OPEC derartige Probleme eines für sie mißlichen Preisverfalls hinnehmen müssen?

Das rückt den Wettbewerb in das marktwirtschaftliche Licht: Ohne die Rivalität verschiedenster Anbieter, die sich ihre Handlungsfreiheit am Markt erhalten haben, also nicht in ein Preiskartell oder einen Konzern eingegliedert wurden, wäre die marktwirtschaftliche Angebotssteuerung nach den Verbraucherinteressen nicht in dem Umfang erfüllt worden. Nur bei Wettbewerb sind die höchsten Gewinnchancen zu erwarten, wenn man schnell auf Nachfrageänderungen reagiert, sozusagen der "Pionier" der Angebotsanpasser ist. Wer die Anpassungsleistung verschläft, der findet die Marktanteile bereits in den festen Händen seiner Konkurrenz: Ihn bestraft das Leben.

2.3. Innovationsfunktion des Wettbewerbs

Die besondere Leistungsfähigkeit einer Marktwirtschaft besteht nicht darin, bekannte Bedürfnisse mit bekannten Einsatzmengen von Ressourcen mittels bekannter Produktionstechniken optimal zu befriedigen, sondern die Wirtschaft weiterzuentwickeln. Sie soll Innovationen durchsetzen, das heißt *neue Produkte* hervorbringen und bessere, also *kostengünstigere Produktionsverfahren* aufspüren. Als Innovationen gelten auch neue Konzepte bei Beschaffung, Absatz und Finanzierung, bei Organisation und Planung.

Wettbewerb hat somit neben der Freiheitssicherung und der Anpassungsfähigkeit eine weitere gesamtwirtschaftliche Aufgabe: Er soll eine *Entwicklungs-, Innovations- oder Fortschrittsfunktion* erfüllen. Der Hinweis auf die innovativen Wirkungen wettbewerblicher Marktprozesse kann daher erklären, was der traditionellen statischen Markttheorie der Lehrbücher nie gelang, überzeugend zu vermitteln: Warum die modernen westlichen Volkswirtschaften trotz aller Probleme so deutlich innovativer und dynamischer waren als die damaligen sozialistischen Gesellschaften jemals auch nur annäherungsweise sein konnten. Oder umgekehrt: Warum die Länder des sogenannten Ostblocks immer weiter hinter die westlichen Marktwirtschaften zurückfielen, bis auch sie die danach mehr oder minder geglückte Transformation in Marktwirtschaften erlebten.

Die Antwort gab Herdzina (1993, S. 25) fast bürokratisch-nüchtern: "Überträgt man dem Wettbewerb auch die Aufgabe, einen Beitrag zur Realisierung von technischem Fortschritt zu leisten, so spricht man von der Fortschrittsfunktion des Wettbewerbs." Diese Aussage ist sicherlich nicht ganz wörtlich zu nehmen; wer sollte der "man" sein, der der Quasi-Persönlichkeit namens "Wettbewerb" den Auftrag gibt, bis Jahresende einen meßbaren Beitrag zum technischen Fortschritt zu leisten, also eine natur- und ingenieurwissenschaftliche, vielleicht auch betriebswirtschaftliche Erfindung markt- und verkaufsfähig zu machen? Wie auch immer – die Aussage macht aber deutlich, daß vorhandene Märkte (mit gegebener Ausstattung an Ressourcen und technisch-betrieblichem Wissen) nur Anpassungen durch Umorganisation ihrer gegebenen Möglichkeiten erreichen können. Um etwas Neues zu schaffen, müssen die Grenzen des Gegebenen überwunden werden.

Entdeckungsverfahren

Hier setzt der *Wettbewerb als dynamischer Prozeß* ein. Er bewirkt den ständigen Anreiz, über neue Produkte nachzudenken und diese marktgängig zu entwickeln; den Anreiz weiterhin, die Produktionsverfahren fortlaufend kritisch auf technische Verbesserungen und betriebliche Kostensenkungen zu überprüfen. Diese Wettbewerbsfunktion weist weit über die Anpassungsmechanik bestehender Märkte und Unternehmen hinaus. Sie ist "*Suchprozeß und Entdeckungsverfahren*" (v. Hayek) in das Neuland bislang unerforschter Produkte und Herstellungsmethoden.

Dieser dynamische Wettbewerb beinhaltet zugleich zahlreiche Versuche, die sich als Irrtümer herausstellen – Produkte, von denen man eine große Zukunft erhoffte, die aber von den Nachfragern verschmäht wurden. Denn "über den Erfolg einer Neuheit entscheidet ihre Akzeptanz beim Käufer, und die ist mit den objektiven Eigenschaften eines Produkts häufig nur locker korreliert." (Berg 1989, S. 29) Während der Erfolg von Produktinnovationen davon abhängt, ob ihnen der Verbraucher subjektiv einen Nutzen zuerkennt, entscheiden die von Unternehmern realisierten Kostensenkungen über den Erfolg von Verfahrensinnovationen.

Die Innovationsfunktion des Wettbewerbs stellt die kreativen und risikofreudigen, aber auch die von Existenzangst gedrängten Menschen in den Mittelpunkt. Nicht mehr die Mechanik vorherbestimmter Modelle, sondern die Unwägbarkeiten tastenden Handelns von Versuch, Irrtum, Lernen werden zum Thema.

Der Bezug zur Marktwirtschaft liegt in den von den Marktpreisänderungen an die Marktteilnehmer ausgehenden Informationen und Sanktionen: Die Handlungsträger erkennen, daß für die bekannten Produkte und Herstellungsverfahren zunehmend Marktsättigung und Preisverfall eintreten (Information). Die Gewinne gehen zurück, es treten Verluste auf (Sanktion). Letzterer Zustand ist existenzbedrohend, wenn nicht neue Produkte bzw. kostensenkende Produktionstechniken entwickelt und eingeführt werden. Unternehmer, die das als erste leisten, erzielen Pioniergewinne und damit existenzsichernde Vorsprünge vor den Konkurrenten. Auch hier wird die Information (welche neuen Produkte werden von der Nachfrage angenommen?) sowie eine Belohnung durch die Märkte in Form von Gewinnen deutlich.

Unbestimmtheit der Zukunft

Das Wissen, daß in Marktwirtschaften derartige Innovationsvorgänge kontinuierlich stattfinden, gilt in allgemeiner Form. Damit ist jedoch noch nicht möglich, im Einzelfall vorhersagen zu wollen, welche *konkreten* Innovationen in ein, zwei oder zehn Jahren erscheinen werden. Das künftige Wissen ist nicht vorherbestimmt bzw. determiniert nach Art eines Samens, der, in die Erde gelegt, keimen und eine bestimmte Pflanze hervorbringen wird. Vergleichbar ist es eher mit der Entdeckungsreise eines mittelalterlichen Seefahrers, der vorher auch nicht wußte, welche Erkenntnisse über neue Kontinente er nach Rückkehr von der langen Reise würde mitteilen können.

Bezogen auf die Märkte können wir nur sagen, daß wettbewerbliche Marktwirtschaften eine Organisationsform sind, die menschlichen Ideenreichtum in bezug auf die Entwicklung neuer Produkte und Verfahren besser als andere bekannte Wirtschaftsordnungen zur Entfaltung bringt. Welche Erfindungen dann tatsächlich gemacht werden, hängt von der *Kreativität* ab, die in dieser Volkswirtschaft beheimatet ist, aber auch von den *Belohnungen*, die von der Innovation ausgehen (oder den Sanktionen, die der Verzicht auf schöpferisches Handeln mit sich bringen kann).

Bedeutsam sind dafür die gesellschaftlichen, rechtlichen und wirtschaftlichen Rahmenbedingungen: Besteht ein fortschrittsfeindliches Klima, das Forscher steuerlich behindert oder ihr Handeln in enge bürokratische Fesseln legt? Existiert ein rechtlicher Urheberschutz (z. B. durch das Patentrecht), so daß der Erfinder eine Chance hat, seine Entwicklungskosten am Markt wieder hereinzuholen, weil er sich gegen eine zu schnelle Nachahmung seiner Erfindung schützen kann? Wichtig sind die vom Kreditmarkt gesetzten Bedingungen: Sind die Banken risikofreudig und fördern bevorstehende Innovationen durch Kreditvergabe im Rahmen von Wagnisfinanzierungsprogrammen ("Venture Capital")? Oder lassen sie ihre innovativen Geschäftspartner zu schnell fallen, weil diese zwar gute Ideen, aber keine hinreichenden klassischen Sicherheiten wie unbebaute, belastungsfreie Immobilien besitzen?

Die Innovationsfunktion des Wettbewerbs läßt sich am Marktmodell in der Unterteilung nach der Produkt- und der Verfahrensinnovation darstellen (vgl. hierzu die Abb. 3 bis 6).

Produktinnovation

Für das neue Produkt X (z. B. einen neuen Farbfilm) entsteht ein neuer Markt; dieser zieht zunehmend die Nachfrager an. Analytisch gesehen verlagert sich die Nachfrage von N(0) nach N(1), aber auch das Angebot weitet sich auf diesem Markt mit zunehmendem Ausbau der Produktionskapazitäten für die Herstellung dieses Gutes von A(0) nach A(1) aus. Dabei können die Preise mit wachsender Nachfrage steigen; bei entsprechender Angebotsausweitung sind durchaus Preissenkungen am Markt zu erwarten. Diese wiederum sorgen dafür, daß immer weitere Nachfrager erschlossen werden.

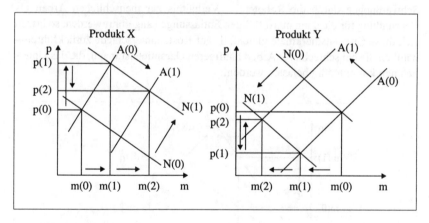

Abbildung 3: Marktausweitung und -rückbildung durch Produktinnovation

Umgekehrt ist die Lage auf dem Markt für das Gut Y (z. B. Schwarz-Weiß-Film), das zunehmend von der Neuentwicklung X verdrängt wird. Hier geht die Nachfrage von N(0) auf N(1) zurück; die Preise verfallen. Das bewegt die Unternehmer, diesen Markt zu verlassen, wobei das Angebot von A(0) auf A(1) reduziert wird. Als Folge der Angebotsverknappung kann der Preisverfall durchaus aufgehalten werden. Letztlich wird der Markt so weit reduziert sein, bis es vielleicht nur noch die Marktnische eines Schwarz-Weiß-Film-Angebots für Presse- und Kunstfotos gibt.

Verfahrensinnovation

Verfahrensinnovationen werden hier begrifflich von den Produktionsinnovationen getrennt, obwohl in der Realität vielfach eine enge Beziehung zwischen beiden besteht: Jedes neue Produkt wird auch im Hinblick auf die Technik, mit der es produziert wird, auf den Markt gebracht. Wenn Verfahrensfortschritt dennoch getrennt behandelt wird, dann wegen der gleichfalls denkbaren Variante, daß ein unverändertes Produkt als Folge des von der Wettbewerbsdynamik ausgehenden Drucks auf Kostensenkungen billiger hergestellt werden soll. So ließe sich denken, daß ein Automobil nicht mehr durch Arbeitskräfte per Hand, sondern von Industrierobotern maschinell zusammengeschweißt wird.

Die Ursache für die Änderung der Produktionsweise liegt in erwarteten Kostensenkungen. Selbst wenn die größere Präzision und geringere Fehlerhäufigkeit der Schweißungen durch die Roboter im Verhältnis zur menschlichen Arbeit als Begründung für die dann meist fälligen Entlassungen angeführt werden, so lassen sich diese Qualitätsmerkmale gleichfalls auf Kostenunterschiede zurückführen – nämlich die bei schlechterer Arbeit häufigeren Garantieleistungen, die das Unternehmen kostenmäßig belasten werden.

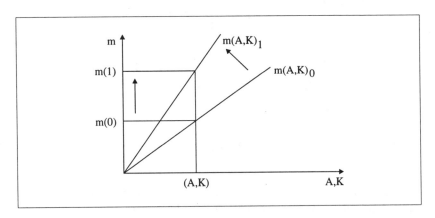

Abbildung 4: Verlagerung einer Produktionsfunktion als Folge von Verfahrensinnovationen

Analytisch gesprochen verändern sich im betreffenden Unternehmen die Produktionsfunktionen, die die funktionale Abhängigkeit der mengenmäßigen Produktion m(0) vom Faktoreinsatz A(rbeit) und K(apital) darstellen. Es entsteht eine neue, technischen Fortschritt verkörpernde Produktionsfunktion, die angibt, daß trotz unveränderten Einsatzes von (A) und (K) ein höherer Output m(1) möglich ist. Mit anderen Worten, die Produktivitäten von Arbeit und Kapital sind gewachsen.

Diese eher technische Beziehung zwischen Faktoreinsatz und Produktionsausstoß läßt sich wirtschaftlich als Kostenfunktion weiterentwickeln, indem man den Einsatz der Produktionsfaktoren mit ihrem Marktentgelt (Löhne, Zinsen) bewertet. Die Produktion des Unternehmens ist danach funktional vom bewerteten Einsatz von Arbeit und Kapital, von den "Kosten", abhängig. War der Verfahrensfortschritt erfolgreich, dann konnten die Gesamtkosten von GK(0) auf GK(1) gesenkt werden.

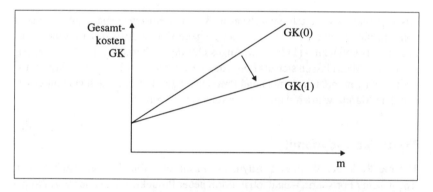

Abbildung 5: Verlagerung der Gesamtkostenfunktion als Folge von Verfahrensinnovationen

Aus der Kostenfunktion läßt sich modellmäßig das Marktverhalten eines gewinnmaximierenden Unternehmens ableiten. Dieses wird in Kenntnis seiner Produktionskosten grundsätzlich so viel produzieren, bis der Mehrerlös der Zusatzmenge ihren Mehrkosten, den "Grenzkosten" (dK), entspricht. Daher bezeichnet die Grenzkostenkurve, die mathematisch die erste Ableitung der Gesamtkostenfunktion darstellt, den Angebotsverlauf des Unternehmens am Markt. Je höher der am Markt zu erzielende Preis, desto größere Mengen können trotz steigender Kostenzuwächse immer noch gewinnbringend am Markt untergebracht werden. Die Angebotskurve A steigt daher von links unten nach rechts oben.

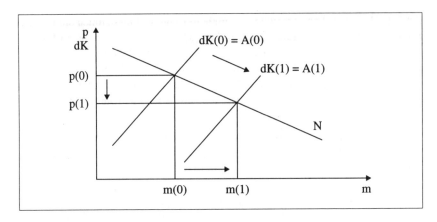

Abbildung 6: Verlagerung des Angebots als Folge von Verfahrensfortschritt

Als Ergebnis des Verfahrensfortschritts konnten Kosteneinsparungen realisiert werden, die zu einer Verlagerung der Angebotskurve A(0) des Unternehmens nach rechts unten zu A(1) führten. Angesichts der vorherrschenden Nachfragesituation am Markt lassen sich als Folge des Verfahrensfortschritts Produktionsausweitungen von m(0) nach m(1) und Preissenkungen von p(0) nach p(1) durchsetzen. Die Märkte werden daher besser versorgt als vorher.

Wettbewerbsdynamik

Um die Rolle der Wettbewerbsdynamik in diesem Ablauf zusammenzufassen: Technischer Fortschritt – egal, ob in Form neuer Produkte oder neuer Verfahren – bleibt ein nicht wirtschaftlich zu erklärender *Vorgang von Forschung und Entwicklung*, den es in allen denkbaren Wirtschaftssystemen geben kann. Es ist jedoch insbesondere der in Marktwirtschaften auftretende Wettbewerbsdruck, der diese Innovationsvorgänge in Gang setzt, intensiviert und beschleunigt, und zwar tagtäglich in allen Bereichen der Erzeugung von Waren und Diensten. Damit unterscheidet sich eine Marktwirtschaft wesentlich z. B. von der sogenannten Planwirtschaft, besser: Zentralverwaltungswirtschaft, die die Innovationsprozesse grundsätzlich als eine Aufgabe bürokratisch-verwaltender, zentraler Lenkungstätigkeit begreift.

Die Wettbewerbsdynamik der Marktwirtschaft kann zudem die gewaltigen Fehlinvestitionen von Mitteln verhindern, die bei staatlich-regulierender Investitionsplanung nicht ausgeschlossen sind. Als Beispiel sei an den weitgehend staatlich finanzierten Ausbau der Atomwirtschaft gedacht. Der ständige Wettbewerbs-druck, die Innovation am Markt zu behaupten, hätte Unternehmen schneller einen Rückzieher machen lassen, wenn das Erzeugnis von den Kosten der Produktion, der Sicherheit und der Entsorgung oder der Käuferakzeptanz her unwirtschaftlich ist und sie es aus eigenen Mitteln finanzieren müssen. Damit wäre der Umfang des aus Steuergeldern finanzierten Fehleinsatzes volkswirtschaftlicher Ressour-cen verringert worden; der Zwang, nach besseren Einsatzmöglichkeiten zu su-chen, stellte sich bei Wettbewerb sofort.

2.4. Verteilungsfunktion des Wettbewerbs

Eine der Grundfragen der Volkswirtschaftslehre ist Verteilung der Wertschöpfung der Volkswirtschaft, des *Sozialproduktes*, auf die einzelnen Haushalte. Die Ana-lyse dieses Problems stößt sehr bald an diejenigen Grenzen der Wissenschaft, die durch gesellschaftliche bzw. politische Werturteile gezogen werden.

Verteilungsnormen

Die Verteilung berührt das Leben jedes Haushalts täglich und fundamental. Sie klärt die Frage, ob man in Armut oder in Wohlstand lebt und wie sicher die Zukunft ist. Sie ist auch ein Problem der Machtausstattung in der Gesellschaft: Welche Gruppe, Schicht oder Klasse verfügt über die Macht, die Verteilung zu den eigenen Gunsten zu beeinflussen, indem sie sich zu Lasten anderer einen größeren Teil der Wertschöpfung aneignet?

Ob bestimmte gesellschaftlich durchgesetzte Verteilungsziele richtig sind, ist hier nicht zu beurteilen. Ob die Verteilung so sein soll, daß "jedem das Gleiche" zusteht, oder "jeder nach seinen Bedürfnissen" ausgestattet werden soll, oder "jeder nach seiner Leistung" erhalten müßte, muß die jeweilige Wirtschaftsgesell-schaft vorgeben. Es ist auch denkbar, daß "der Herrscher alles, die Beherrschten nichts" erhalten. Die Wissenschaft kann aber prüfen, welche wirtschaftlichen Folgen bei den verschiedenen Verteilungszielen zu erwarten sind.

In modernen Marktwirtschaften hat sich als Verteilungsnorm die Verteilung nach dem erbrachten Wertschöpfungsbeitrag – die sogenannte *Leistungsgerechtigkeit der Einkommensverteilung* – mehrheitlich durchgesetzt. Diese Verteilungsnorm ist ihrerseits die Grundlage für staatliche Korrekturmaßnahmen, mit denen dem Umstand Rechnung getragen wird, daß es Mitglieder der Gesellschaft gibt,

- die noch keinen Leistungsbeitrag erbringen können (Kindergeldzahlungen im Rahmen eines Familienlastenausgleichs);
- die zeitweilig ohne Leistungserstellung sind (Unterstützung bei Arbeitslosigkeit, Lohnfortzahlung bei Krankheit);
- die nicht mehr produktiv tätig sind (Rentnerhaushalte);
- die nur unzureichende oder überhaupt keine Leistung erbringen können (Behinderte).

Im Rahmen der staatlichen Umverteilungspolitik wird diesen Menschen geholfen, indem den Leistungsträgern auf gesetzlicher Grundlage Steuern oder Beiträge abgezogen und den Anspruchsberechtigten ausgezahlt werden.

Die marktwirtschaftliche "Verteilung nach der Leistung" entspricht weitgehend dem herrschenden Gerechtigkeitsempfinden: Wer härter arbeitet, sollte mehr verdienen als jemand, der freiwillig "aussteigt" und seine Leistung verringert. Diese Verteilungsnorm ist zudem grundsätzlich geeignet, Mehrleistung anzuregen, weil der Ertrag aus der Arbeit grundsätzlich demjenigen zufließt, der sie erbracht hat.

Damit ist der Bogen zur Wettbewerbsgesellschaft geschlagen. Eine Verteilungsnorm, die die allgemeine Gleichheit aller erzwingt, wird vermutlich alle verarmen lassen. Wer ist noch bereit zu arbeiten, wenn er bei Untätigkeit dasselbe Einkommen erhalten kann? Dieser Tatbestand charakterisiert den in der sozialen Marktwirtschaft Deutschlands systematisch angelegten Konflikt um die Höhe sozialstaatlicher Zuwendungen: Was geschieht, wenn diese die Höhe regulärer Arbeitseinkommen erreichen – wird das nicht zu Leistungsverzicht führen, wenn Untätigkeit genauso honoriert wird wie der Aufwand an Arbeit?

Vorteile durch Machteinsatz

Unstrittig ist andererseits, daß niemand Einkommen und Erträge erzielen soll, indem er seine marktbeherrschende Stellung einsetzt, um andere auszubeuten. Das wäre der Fall, wenn ein Produzent einziger Anbieter eines Produktes ist, auf das viele angewiesen sind. Diese müssen nahezu jeden Preis, der ihnen gesetzt wird, bezahlen, um das (vielleicht sogar lebensnotwendige) Gut erwerben zu können. In krasser Form geschieht das in Fällen von Hungersnöten in Bürgerkriegsgebieten. Aber selbst in Wohlstandsgesellschaften könnte es eine Unterversorgung z. B. beim Produkt "Wohnungsnutzung" geben, was dazu führte, daß der Wohlstand von zahlreichen Mietern bei steigenden Mieten auf wenige Hauseigentümer umverteilt würde. Markttheoretisch läge hier eine Angebotsverknappung vor, die besondere Knappheitsgewinne entstehen ließe. Gäbe es Wettbewerb, müßten zusätzliche Anbieter mit ihren Produkten auf die Märkte kommen, das Angebot ausweiten und damit die Preise senken.

Die Verteilungsfunktion des Wettbewerbs setzt an dieser Stelle an: Indem der Wettbewerb das Angebot ausweitet, Alternativen für die Nachfrager schafft und damit Freiheitsspielräume eröffnet, kontrolliert er wirtschaftliche Macht.

Die Markttheorie hat eine modellmäßige Antwort, indem sie zwei Marktsituationen miteinander vergleicht. Schauen wir dafür auf die Abbildung 7: Im Fall (1) analysiert sie einen Markt mit zahlreichen Anbietern, von denen keiner über nennenswerte Marktmacht verfügt, die ihm die Chance ließe, durch Verknappungen die Preise hochzudrücken. Das Gesamtangebot A(0) liege hier theoretisch in unendlich vielen Händen, denen ebenso viele Nachfrager gegenüberstehen.

Im Fall (2) ist das gesamte Angebot A(0) in der Hand eines Unternehmers, der damit zu Recht den Namen "Monopolist" trägt. Der Monopolist treffe wie bei (1) auf unendlich viele Nachfrager. Was geschieht, wo liegen die Unterschiede?

Die Ermittlung der Marktpreisbildung im Zustand der Machtlosigkeit aller – Fall (1), von der neoklassischen Theorie als *vollkommener* Wettbewerb bezeichnet – bereitet keine Probleme: Das Gleichgewicht der Räumung des Marktes als Gleichheit von Angebot und Nachfrage liegt beim Preis p(0) und der Menge m(0) vor.

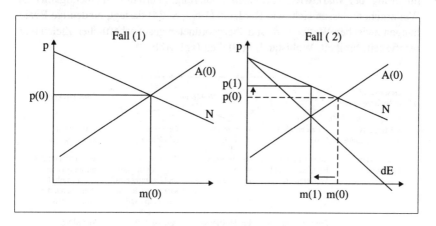

Abbildung 7: Preisbildung bei vollkommenem Wettbewerb und beim Cournot-Monopol

Schwieriger ist die Lage beim Monopol – Fall (2). Der auf Cournot zurückgehende Lösungsansatz besagt, daß der Monopolist als einziger Anbieter Marktstrategie betreibt, indem er berücksichtigt, daß bei Ausweitung seines Angebots der Marktpreis fällt. Dieser Preisverfall betrifft nicht nur die zusätzlich am Markt untergebrachten Mengen, sondern alle abgesetzten Waren. Der Zusatzerlös ("Grenzerlös dE") ist niedriger als der Preis der zuletzt abgesetzten Mengeneinheit. Da der Monopolist wie jeder andere Unternehmer seine Gewinne maximieren will, wird er nur so viele Produkte am Markt unterbringen, bis die Grenzkosten (deren Verlauf seiner Angebotskurve A(0) entspricht) dem Erlöszuwachs beim Verkauf dieses Produkts gleich sind. Der Schnittpunkt von Grenzerlös- und Angebotskurve bezeichnet bei sonst identischen Bedingungen ein geringeres Angebot und damit einen höheren Marktpreis als auf dem machtfreien Markt des *vollkommenen* Wettbewerbs.

Die Dynamik des Wettbewerbs sorgt somit dafür, daß sich das in vielen Händen befindliche Angebot am Markt ausweitet. Damit erhalten die Nachfrager Auswahlchancen, die Preise sinken, weil das Angebot als Folge des Wettbewerbsdrucks steigt.

Den Wettbewerbsfunktionen kommt insgesamt eine grundlegende Bedeutung für die Erreichung der wirtschaftspolitischen Zielgrößen (Wirtschaftswachstum, Optimierung der marktwirtschaftlichen Steuerung, Verteilungsgerechtigkeit) zu. Weitergehend lassen sich, wie Herdzina (1993, S. 34) darlegt, eindeutige Beziehungen zwischen Wettbewerb und übergeordneten gesellschaftlichen Zielen (Gerechtigkeit, Freiheit, Wohlstand) herstellen (vgl. Abb. 8).

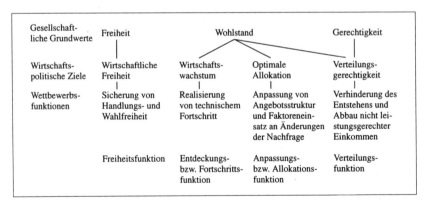

Abbildung 8: Gesellschaftliche Grundwerte, wirtschaftspolitische Ziele und Wettbewerbsfunktionen

3. Normen wettbewerblichen Handelns: Wettbewerbsleitbilder

Die Definition des wirtschaftlichen Wettbewerbs, die Beschreibung wettbewerblicher Marktprozesse und die Erläuterung seiner gesamtwirtschaftlichen Aufgaben – der Wettbewerbsfunktionen – bilden die Grundlage für die Formulierung einer angemessenen Wettbewerbstheorie.

Aber brauchen wir überhaupt eine Wettbewerbstheorie? Sofort argumentieren die "Praktiker" mit dem ebenso bekannten wie unfruchtbaren Populärwiderspruch zwischen der "grauen Theorie" und dem "blutvollen Leben", womit sie die tägliche Unternehmenspraxis meinen. Wissenschaftler halten mit der gleichfalls gut bekannten Redensart dagegen, derzufolge nichts so praktisch sei wie eine gute Theorie.

Aber allen Ernstes: Für die Erklärung der Funktion des Wettbewerbs in der Marktwirtschaft, für die Sicherung der Wettbewerbsbedingungen und die Verhinderung von Wettbewerbsbeschränkungen durch den eventuellen Mißbrauch wirtschaftlicher Macht ist eine allgemein anerkannte Theorie unerläßlich. Diese analysiert systematisch die Zusammenhänge von Ursache und Wirkung ("Kausalitäten"). Sie vermittelt Erkenntnisse, die weit über die eher zufälligen Beobachtungen der Realität und der daraus abgeleiteten Rückschlüsse hinausgehen.

3.1. Normensysteme

Die Realität, die Vielfalt der Marktvorgänge mit ihren unzähligen Varianten wirtschaftlichen Verhaltens, gibt keine Auskünfte darüber, mit welchen Augen sie betrachtet werden will. Es ist daher Aufgabe des Wirtschaftswissenschaftlers, ein Vorverständnis über die bedeutsamen Aspekte der realen Verhaltensvielfalt zu gewinnen. Durch die Analyse von Märkten wird er die preis- und qualitätspolitischen Maßnahmen erforschen, mit denen einzelne Unternehmen Vorteile für sich auf Märkten zu gewinnen versuchen. Er wird gleichfalls untersuchen, wie damit andererseits die volkswirtschaftliche Wohlfahrt befördert, die Versorgung der Verbraucher verbessert und die Auswahlmöglichkeiten für alle erweitert werden. Diese Ziele von Handlungen auf Märkten können als *Normen* bezeichnet werden; stehen diese Normen in einem geordneten Beziehungsgefüge, dann nennt man sie *Normensystem*.

Was bedeutet das nun für die Wettbewerbstheorie? Die Antwort liegt in der Erkenntnis, daß sich "Normensysteme ... in entsprechenden ökonomischen Theorien kristallisieren." (Riese, S. 24) Diese Normensysteme werden nach T. S. Kuhn auch als "*Paradigmen*" der Wissenschaft bezeichnet; sie sind, vereinfacht, die "Sichtweise", mit der ein Forscher an sein Erkenntnisobjekt herangeht.

Paradigmen

Wichtig für die Wettbewerbstheorie ist, daß es im Grunde zwei verschiedenartige Paradigmen gibt, die als das *klassische* und das *neoklassische Paradigma* bezeichnet werden. Diese Erklärungsmuster wettbewerblicher Marktprozesse waren historisch zu unterschiedlichen Zeiten entstanden, ohne daß sie eine schlichte Weiterentwicklung oder Modernisierung des vorangegangenen gewesen wären. Sie standen sich eher widersprüchlich gegenüber. Das neoklassische Paradigma hatte das klassische im ausgehenden 19. Jahrhundert abgelöst, während die Neoklassik derzeit durch die Renaissance des klassischen Paradigmas verdrängt wird. Dieser Vorgang, vorangegangene Theorie abzulösen bzw. zu verdrängen, hatte zum Begriff der *wissenschaftlichen Revolutionen* (Kuhn) geführt.

Derartige Revolutionen oder Umwälzungen vertrauter Theorien blieben nicht ohne wettbewerbspolitische Bedeutung: Wenn eine Theorie Ursachen bestimmter Wettbewerbsvorgänge erklärt, dann ist sie die Grundlage einer vernünftigen Politik, mit der Marktprozesse beeinflußt werden können: Die Kette von Ursache und Wirkung wird zu einem Zusammenhang von vorgegebenem wirtschaftlichem Ziel (die *Wirkung* der Politik) und dafür eingesetzten wettbewerbspolitischen Mitteln (den *Ursachen* der beobachteten Wirkung).

Politische Folgen

Diese sehr abstrakten Ausführungen mögen beispielhaft veranschaulicht werden. Das wirtschaftspolitische Ziel wird definiert als "Marktwirtschaft mit großer Innovationsaktivität". Das dafür eingesetzte wirtschaftspolitische Mittel unterscheidet sich je nach zugrundeliegender Theorie: Ein Paradigma bzw. Erklärungsmuster vertritt die Überzeugung, daß insbesondere große, marktmächtige Unternehmen forschungsaktiv seien, weil sie erhebliche Forschungsmittel zum Teil in eigenen Forschungsabteilungen einsetzen können. Daher müsse man die Unternehmenskonzentration in der Wirtschaft fördern, um schnell zu großen Einheiten zu gelangen. Diese Politik wird als *Industriepolitik* bezeichnet, wie sie im Rahmen der *Europäischen Union* eine nicht zu unterschätzende Rolle spielt.

Auf der Grundlage eines anderen, konkurrierenden Paradigmas wettbewerblicher Vorgänge wurden andere Kausalitäten ermittelt: Die Forschungsaktivität steigt mit der Intensität des Wettbewerbs; daher seien die Wettbewerbsprozesse zu stärken, die Vermachtung der Märkte in immer weniger und größere Unternehmenseinheiten zu verhindern. Die Unternehmenskonzentration sei daher streng zu kontrollieren.

Die wettbewerbspolitischen Empfehlungen widersprechen sich somit trotz identischer Zielsetzung. Für die Entscheidung über das "Richtig" oder "Falsch" der jeweiligen Wettbewerbspolitik reicht es nicht, die Realität zu befragen, auf welcher theoretischen Grundlage diese Realität zu gestalten sei. Marktanalysen werden ergeben, daß es Zusammenhänge von Unternehmensgrößen, wettbewerblichen Marktstrukturen und Forschungsaktivitäten gibt. Was nun ausschlaggebend ist, bleibt letztlich der Bewertung in der Ergebnispräsentation des Forschers vorbehalten: War es die Wettbewerbsdynamik, die trotz der Marktstärke der Akteure die Forschungsaktivitäten erzwang? Oder waren es die Unternehmensgröße und die Forschungsaufwendungen, die die Innovationen bewirkt hatten, egal, welche Wettbewerbsintensität die Märkte in Einzelfall aufwiesen?

Hier zunächst nur soviel: Es gibt zwei für die Entwicklung der Wettbewerbstheorie bedeutsame Paradigmen, die – was noch darzustellen ist – zu unterschiedlichen Typen von Theorien geführt haben. Sie werden als "Entscheidungs-" bzw. als "Entwicklungstheorie" bezeichnet. Auf der Grundlage dieser Paradigmen wird eine entsprechend unterschiedliche Wettbewerbspolitik aufgebaut.

Da Wettbewerbspolitik Eingriffe in Marktvorgänge bewirkt und damit Unternehmer zu bestimmten Handlungen zwingt, bedarf sie einer gesetzlichen Grundlage, die man beispielsweise *Kartellgesetz, Wettbewerbsgesetz, Antitrust-Gesetz* nennen kann. Paradigmenwechsel müßten dann folgerichtig auch zu Änderungen, *Novellierungen*, der jeweiligen Wettbewerbsgesetze führen, mindestens jedoch zu einer veränderten Anwendungspraxis bestehender Rechtsnormen.

3.2. Klassisches Wettbewerbsparadigma

"Die klassische Theorie des Wettbewerbs entstand als Angriff gegen den Merkantilismus." (Hoppmann 1968, S. 80) Damit war die klassische Theorie ihrerseits ein Paradigmenwechsel: "An Stelle des Merkantilsystems mit seinen Reglementierungen und Beschränkungen wurde von A. Smith das Wettbewerbskonzept empfohlen, weil es Gleichheit, Freiheit und Gerechtigkeit biete." (Ebenda) Nicht die kontinuierliche Weiterentwicklung und Verbesserung des spätfeudalen Wirtschaftssystems des Merkantilismus wurde angestrebt, sondern der Sprung in eine veränderte, freiere Welt.

Als grundlegend für die Entfaltung des klassischen Paradigmas gilt das epochale Werk Adam Smiths von 1776, das in den deutschen Übersetzungen allgemein als "Reichtum der Nationen" bezeichnet wird. Smith legte dar, daß der Wohlstand eine Folge der mit der Arbeitsteiligkeit der Produktion beginnenden Entfaltung der Produktivkräfte sei. Diese arbeitsteilig individualisierte Produktion bedarf der Zusammenführung und Ordnung, der Koordinierung, in einem größeren volkswirtschaftlichen Zusammenhang. Nur so könne gewährleistet werden, daß die Fülle des Warenangebots in den benötigten Zusammensetzungen produziert werde.

Marktmechanismus

Die Klassik erkannte den Marktmechanismus als volkswirtschaftliches Koordinierungsmittel. Auf Märkten entsteht das Spannungsverhältnis zwischen dem "natürlichen" Preis der Ware (ihrem Produktionskostenwert) und dem "Markt"-Preis. Letzterer wird "bestimmt durch das Verhältnis zwischen der Quantität, welche wirklich zu Markte gebracht wird, und der Nachfrage derer, welche ihren natürlichen Preis ... zu bezahlen geneigt sind." (Smith, S. 3) Unterscheiden sich Angebot und Nachfrage, "beginnt sogleich ein Wettbewerb ..., und der Marktpreis steigt oder sinkt in seinem Verhältnis zum natürlichen Preis in dem Maße, als entweder die Größe des Mangels oder die Wohlhabenheit ... der Konkurrenten die Hitze des Wettbewerbs groß werden läßt oder niederhält." (Smith, S. 32)

Die Märkte erscheinen hier als ein Regelungssystem, das die Handlungen der zahlreichen Wirtschafter miteinander koordiniert und lenkt. Auch wenn sich jeder Anbieter bei seinen Entscheidungen von seinen eigenen wirtschaftlichen Interessen leiten läßt, kann er sich am Markt nur durchsetzen, wenn er die Interessen der Marktgegenseite, seiner Kunden also, berücksichtigt – nur dann kaufen diese bei ihm und verschaffen ihm die ersehnten hohen Gewinne. "Das Verbraucherinteresse wird aufgrund der wettbewerblichen Koordination sogar um so besser verwirklicht, je konsequenter die einzelnen Wirtschaftseinheiten ihre Eigeninteressen wahrnehmen (marktwirtschaftliches Scheinparadoxon)." (Bartling 1980, S. 9) "Durch das freie Spiel der Kräfte entsteht wie durch eine 'invisible hand' eine allgemeine Harmonie der Interessen, die durch den Eingriff des Staates nur gestört werden kann." (Schmidt 1993, S. 3)

Wettbewerbsfreiheiten

Die Wirksamkeit dieser wettbewerblichen Lenkung von Produktion und Absatz auf den Märkten gründet in der *Freiheit der Handlungsträger.* Diese Freiheit beruht nach Hoppmann (1968, S. 81) auf zwei Fundamenten:

- Erstens auf der *Freiheit zum Wettbewerb unter den Mitbewerbern* auf der selben Marktseite. "Es ist die Freiheit zur Initiative, zum Vorstoß in technisches organisatorisches und ökonomisches Neuland und die Freiheit, den Vorstoßenden nachzufolgen, sie nachzuahmen, sie zu imitieren."

- Zweitens auf der *Freiheit der Marktgegenseite*, also z. B. der Abnehmer der von konkurrierenden Industriebetrieben hergestellten Erzeugnisse, aus "mehreren Alternativen nach eigenem Entschluß auszuwählen."

Freiheiten sind nach Hoppmann nie schrankenlos. Sie finden ihren Widerspruch an der Beschränkung der Freiheit Dritter. Im Gegensatz zur feudalen Beherrschung der merkantilistischen Wirtschaften ist die Kontrolle der Handlungsträger durch das System des freien Wettbewerbs "ein Prozeß der Koordinierung ohne staatliche Lenkung. Das System des Wettbewerbs führt zu einem System nichtautoritärer sozialer Kontrolle, dessen Sanktionen finanzieller Art sind."

Gegner der Wettbewerbsfreiheit im Sinne der Klassik ist nicht nur der Staat mit den durch seine Privilegien geschaffenen Monopolen bzw. Produktionsverboten für die Nichtprivilegierten, mit den die Entwicklung der Produktivkräfte behindernden Zünften, mit den von der Erbuntertänigkeit der Bauern ausgehenden Produktionsbehinderungen in Landwirtschaft und Industrie, mit den Behinderungen durch Zollschranken und Lieferverbote. Gegner der Wettbewerbsfreiheit konnten auch marktbeherrschende private Großunternehmen sein.

Adam Smith hatte das sehr kritisch gesehen: "Indem die Monopolisten den Markt beständig dadurch schlecht versorgt halten, daß sie die wirksame Nachfrage nie völlig befriedigen, verkaufen sie ihre Waren weit über dem natürlichen Preis und betreiben ihre Vorteile, mögen sie nun in Arbeitslohn oder Profit bestehen, weit über den natürlichen Satz hinaus." (S. 34–35) Erinnert wird hier an die bei der Verteilungsfunktion des Wettbewerbs behandelte Preisbildung des *Cournot-Monopolisten*, der ja gleichfalls durch Angebotsverknappung die Preise über das Wettbewerbsniveau hinaustrieb.

Wirkungen von Monopolen

Welche Gefahren können von derartigen Monopolen ausgehen? Die klassische Wettbewerbslehre war in dieser Hinsicht nicht besorgt und nahm dieselbe gelassene Haltung ein, die zwei Jahrhunderte später nach Wiederentdeckung des klassischen Paradigmas die *Chicago School of Antitrust* in den USA bezog. Dauerhafte Monopole entstehen allein aufgrund staatlicher Privilegierung (man denkt hier ganz spontan an staatliche Monopole bei Post, Telekommunikation und Bahn) und halten sich daher im Grundsatz nur so lange "wie die politischen Einrichtungen, aus denen sie entspringen." (Smith, S. 35) Diese 1776 getroffene Aussage ist von bestechender Aktualität, wenn man den Markt für Telekommunikationsleistungen angesichts der Grundgesetzänderungen betrachtet, mit denen das Postmonopol zumindest teilweise beseitigt wurde. Der europa-, ja weltweite Wettbewerb auf dem deutschen Markt war unmittelbar danach in aller Schärfe entbrannt. Nach herrschender Meinung hatte zudem der bisherige Schutz vor Wettbewerb durch das staatliche Privileg die Leistungsfähigkeit der deutschen Telekommunikationsindustrie so weit verringert, daß diese erhebliche Angst vor freien wettbewerblichen Märkten haben mußte. Das unterstreicht den klassischen Glauben an die Wirkungen wettbewerblicher Dynamik: Kein Monopol wird sich halten können, wenn die gesetzlichen Bestimmungen wegfallen, die dieses Monopol gegen die Marktfreiheit eingerichtet hatten.

Dieses Spannungsverhältnis zwischen Wettbewerb und Monopol hat die Wettbewerbstheorie nach Adam Smith immer wieder neu beschäftigt; erinnert sei an die Position Karl Marx', der den Prozeß der Akkumulation, Konzentration und Zentralisation des Kapitals analysiert hatte und zu dem Ergebnis gekommen war, die wettbewerbliche Dynamik führe dazu, daß sich der Wettbewerb durch die von ihm stimulierte Konzentration sein eigenes Grab gräbt. Anders hatte J. Schumpeter das Spannungsverhältnis von Wettbewerb und Monopol betrachtet. Für ihn war ja die (zeitweilige) Monopolstellung des Pionierunternehmers die Ursache der vielfältigen Entwicklungen auf Märkten und damit der Wettbewerbsdynamik.

Die Klassik kannte diese Probleme nicht. Gegen die Wettbewerbsfreiheit kam auf Dauer am Markt niemand an. "Die Unschuld klassischen Denkens besteht darin, das Monopol als unnatürliche Abweichung vom Normalzustand zu interpretieren; ökonomische Dynamik ist weder, wie später bei Marx, die Ursache noch, wie später bei Schumpeter, die Folge von Monopolisierungen." (Riese, S. 83)

Evolutorische Theorie

Zusammengefaßt erscheint die klassische Wettbewerbstheorie als eine "evolutorische" Theorie, die erklären will, wie die dynamische Entwicklung der Volkswirtschaften Europas und Nordamerikas aus dem Zustand feudalistischer Verharrung entstanden ist. Diese "Entwicklungstheorie" gründet auf der Freiheit der Märkte und der auf diesen handelnden Akteure. Sie analysiert deren Wettbewerbshandlungen sowie Reaktionen der Konkurrenten und der Abnehmer.

Was diese Theorie nicht leistet, ist eine präzise Beschreibung wettbewerbsoptimaler Marktstrukturen und -verhaltensweisen. Sie analysiert nicht, welches der verschiedenen Marktergebnisse wettbewerbspolitisch überlegen ist. Die klassische Theorie ist damit auch keine Handlungstheorie, die dem Staat präzise Anweisungen gäbe, wie er wettbewerbspolitisch auf den Märkten eingreifen soll. Die einzige Handlungsnorm für Wettbewerbspolitik ist die Aufforderung, die Märkte "frei" zu halten. Die als Folge der Wettbewerbsdynamik entstehenden Marktergebnisse sind Resultate eines nicht prognostizierbaren Entdeckungsverfahrens.

Das älteste Wettbewerbsgesetz der modernen Industriestaaten, der *Sherman Antitrust Act* der USA von 1890, ist die wettbewerbsrechtliche Verkörperung des klassischen Wettbewerbsparadigmas. Wie Schmidt (1973, S. 95 ff.) deutlich herausarbeitet, sollte das *Sherman Antitrust Act* die von der amerikanischen Verfassung garantierten individuellen Freiheitsrechte schützen. Die "klassische Unschuld" von 1776 bestand 1890 insofern nicht mehr, als gerade in den USA das Hervorkommen großer Unternehmenseinheiten mit beachtlicher Marktmacht beobachtet werden konnte; es erschien nicht mehr angemessen, darauf zu warten, bis die Wettbewerbsdynamik diese marktstarken Unternehmen verdrängt bzw. die wettbewerbsbeschränkenden Absprachen zwischen den Anbietern eines Marktes vom Wettbewerb überrollt worden wären.

Mit dem *Sherman Antitrust Act* sollte die Freiheit des Handels vor Beschränkungen (sec. 1, also § 1 dieses Gesetzes) bzw. vor einer Monopolisierung durch einzelne Personen oder Verbindungen mehrerer (sec. 2) geschützt werden. Damit wandelte sich der Staat, der vordem als Verursacher der Monopolstellungen angesehen worden war, zum *Schützer der Wettbewerbsfreiheit vor privater Wirtschaftsmacht*.

3.3. Neoklassisches Paradigma: Vollkommener Wettbewerb

Etwas ratlos standen moderne Wettbewerbstheoretiker vor einem unerwarteten Problem: Die Klassik wäre "nicht in der Lage gewesen" (Kaufer, S. 327) bzw. hätte es "unterlassen" (Schmidt 1993, S. 5), die Bedingungen zu formulieren, unter denen der Wettbewerb optimale Marktergebnisse herbeiführt. Unfähigkeit oder Versäumnis – auf jeden Fall eine harte Schelte für ansonsten wegen der Entdeckung der Wettbewerbsdynamik hochgeschätzte wissenschaftliche Vorgänger.

Oder lag etwas anderes vor? War die Optimalität des Ergebnisses jenseits des klassischen Erkenntnisinteresses, weil die Sichtweise der klassischen Theorie eine Entscheidung zwischen mehreren Ergebnisnormen zur Auswahl der optimalen überhaupt nicht vorsah?

Paradigmenwechsel

Ein Paradigmenwechsel kündigte sich an: Im ausgehenden 19. Jahrhundert wandelte sich das Erkenntnisinteresse der Wirtschaftswissenschaften. Wirtschaftsgeschichtlich betrachtet hatten sich die modernen Marktwirtschaften und die in ihnen frei agierenden Unternehmer gegen die merkantil-feudalen Wirtschaftsordnungen der Vergangenheit durchgesetzt. Eine "Entwicklungstheorie", die immer wieder neu den Beweis für die Überlegenheit freier, wettbewerblicher Marktprozesse gegenüber feudalstaatlichen Regulierungen antreten wollte, rannte immer häufiger offene Türen ein.

Stattdessen trat ein andersartiger Erkenntnismangel auf: Wenn nun die Märkte überlegen sind, und es andererseits von ihnen so viele verschiedene Varianten gibt, dann müßte erforscht werden, welche der unterschiedlichen Marktstrukturen von der Wettbewerbsintensität her die beste sei. Maßstab für die Marktqualität ist nicht mehr eine allgemeine beschriebene Wohlstandsentwicklung, sondern ein *präzise bestimmtes Marktergebnis.*

Ein Paradigmenwechsel setzte sich durch: "Da die Klassiker es unterließen, die Bedingungen (!), unter denen der Wettbewerb die gewünschte Harmonie der Interessen herbeiführen kann, im einzelnen (!) aufzuzeigen, wurde in der Folgezeit versucht herauszuarbeiten, wann der Wettbewerb totale Übereinstimmung von Einzel- und Gesamtinteressen (!) hervorbringt." (Schmidt 1993, S. 5) Die Ausrufezeichen finden sich nicht im Original; sie wurden hier angefügt, um die neuen Fragestellungen zu unterstreichen: Es galt, "die Bedingungen zu formulieren, unter denen der Wettbewerb mit Notwendigkeit zu optimalen Ergebnissen führt." (Kaufer, S. 327)

Worin bestand der Inhalt des die Klassik ablösenden neoklassischen Paradigmas? "Die ökonomische Theorie wurde zu einer Theorie der Allokation vorgegebener Ressourcen." (Riese, S. 72) Mit anderen Worten, sie wurde zu einer Handlungs- bzw. Entscheidungstheorie, mit der unter gegebenen Bedingungen geklärt werden sollte, welche möglichen Marktstrukturen wettbewerbspolitisch fixiert werden müßten, damit ein definiertes Ziel erreicht werden kann.

Damit entspricht die Neoklassik dem nachvollziehbaren Erkenntnisinteresse, prä- ziser zu analysieren, was sich auf Märkten abspielt und welche Aufgaben der Wettbewerb dabei exakt zu erfüllen hat. Der Blickwinkel verengt sich auf die Erforschung der Tauschakte auf den jeweiligen "Teil-" bzw. "Partial"-Märkten, in die die Märkte je nach betrachtetem Produkt voneinander abgegrenzt wurden. Die Bedingungen, unter denen die Preisbildung stattfindet, werden als gegeben vorausgesetzt; das betrifft beispielsweise den Stand der Technik, die Bevölkerung, die Bedürfnisse, Einkommensniveau und -verteilung, die Preise anderer Waren. Als Variable blieben dann die angebotenen bzw. nachgefragten Mengen sowie die unterschiedlichen Preisvorstellungen von Anbietern und Nachfragern übrig. Ein *Gleichgewicht* wurde ermittelt, bei dem der jeweilige Markt geräumt wurde, weil zum Gleichgewichtspreis sowohl Angebot wie Nachfrage mengenmäßig identisch waren.

Marktstrukturen

Unter welchen Bedingungen entsprachen diese Märkte einem bestmöglichen Ergebnis? Die Neoklassik gab die Antwort, daß das Fehlen jeglicher Marktmacht die Voraussetzung für "*vollkommenen*" Wettbewerb darstelle. Die Marktstruktu- ren mußten daher unter anderem gekennzeichnet sein von

- sehr großer, streng genommen unendlicher Zahl von Anbietern und Nachfra- gern;
- völligem Fehlen von persönlichen oder sachlichen Präferenzen;
- strenger Geltung des Prinzips, daß sich alle Marktteilnehmer vollkommen rational im Hinblick auf die Maximierung von Nutzen und Gewinnen verhalten;
- völliger Markttransparenz über gegenwärtige und künftige Marktgegebenhei- ten;
- totaler Freiheit des Marktzutritts und -ausgangs;
- unendlicher Reaktionsgeschwindigkeit, das heißt dem Fehlen von Anpassungs- verzögerungen (vgl. Schmidt 1993, S. 5).

Diese Elemente ("Komponenten") der Marktstruktur wurden verbunden mit den als gegeben angenommenen Rahmenbedingungen; als Marktverhalten wurde unterstellt, daß die überaus zahlreichen und total machtlosen Wettbewerber Anpassungsverhalten an die Marktgegebenheiten zeigen (z. B. als *Mengenanpasser*). Unter diesen einschränkenden Bedingungen ließ sich jedoch ein ideales Marktergebnis herausdestillieren, das in jeder Hinsicht optimal war:

– Die Verbraucher konnten ihren Nutzen maximieren, weil das Angebot nach ihren Präferenzen gesteuert wurde.

– Die Unternehmer konnten ihre Gewinne maximieren, weil sie angesichts der erzielbaren Marktpreise mit den geringstmöglichen Kosten ("unter den gegebenen Bedingungen"!) produzieren konnten.

– Die vorhandenen Produktionsfaktoren Arbeit und Sachkapital konnten bestmöglich eingesetzt werden (*optimale Faktorallokation*).

– Die Entlohnung der eingesetzten Faktoren erfolgte nach ihrem jeweiligen produktiven Beitrag (nach ihrer *Grenzproduktivität*), was knappheitsbedingte Lohn- bzw. Gewinnerhöhungen ausschloß; damit wurde die Verteilung auf Löhne, Zinsen und Unternehmerlohn allein nach Leistungsgesichtspunkten (*leistungsgerechte Einkommensverteilung*) vorgenommen.

Entscheidungstheorie

Unter den gegebenen Bedingungen führte der *vollkommene* Wettbewerb der Neoklassik zu einem optimalen Ergebnis, gemessen an den Wettbewerbsfunktionen *Erfüllung der Kundenpräferenzen*, *optimale Faktorallokation* und *leistungsgerechte Einkommensverteilung*. Durch die Definition der Marktstrukturelemente, die Grundlage für die Vollkommenheit des Wettbewerbs sein sollten, wurde der Wettbewerbspolitik eine konkrete Handlungsanweisung an die Hand gegeben, wie sie Märkte umzustrukturieren hätte, damit ein definiertes Ziel bestmöglich erreicht wird. Die Wettbewerbstheorie ist damit zu einer *Handlungs- bzw. Entscheidungstheorie* geworden. Als solche ist sie eine zeitpunktbezogene, also statische Theorie der Auswahl unter gegebenen Alternativen mit dem Ziel der Wohlfahrtsmaximierung.

Allerdings um welchen Preis! "Der zu erklärende Wirtschaftsprozeß wurde in das Prokrustesbett der stationären Wirtschaft der vollkommenen Konkurrenz gepreßt, in der nahezu alle Variablen, die dem Einfluß der unternehmerischen Entscheidung unterliegen, als Daten fixiert sind." (Kaufer, S. 327) Die gedankliche Isolierung der ökonomischen Probleme aus dem gesamtgesellschaftlichen Zusammenhang und die Suche nach präzisen Ergebnissen von Tauschvorgängen zum Zwecke der Entscheidung, welche Marktstruktur den Wohlstand maximiert, führt zur Verbannung gerade dessen, was Wettbewerb bewirken sollte: Die Dynamik einer von keiner Obrigkeit gegängelten Marktwirtschaft, in der sich das kreative Potential von möglichst vielen wirtschaftenden Menschen entfalten kann.

"Der stationäre Charakter der Neoklassik wird verständlicherweise oft gescholten; man darf dabei jedoch nicht übersehen, daß er ein heuristisches Prinzip darstellt, das der Neoklassik die sie kennzeichnende Hermeneutik des Wirtschaftens liefert." (Riese, S. 72) Die Neoklassik ist auch heute noch die herrschende Lehre zur Erklärung der Preisbildung auf Märkten. Als Theorie für die Erklärung der Wettbewerbsdynamik mußte sie sich als statische Entscheidungstheorie jedoch zunehmender Kritik stellen.

3.4. Konzeption des monopolistischen Wettbewerbs

Die Versuche, klassische Entwicklungstheorie ("Wettbewerbsdynamik") und neoklassische Entscheidungstheorie ("Wohlfahrtsmaximierung") miteinander zu verbinden, prägten die Wettbewerbstheorie im 20. Jahrhundert. Dabei ging die Wissenschaft vom herrschenden neoklassischen Paradigma aus. Das Bemühen galt einer realistischeren Fassung der Marktstrukturkomponenten; denn "the real world did not fulfil the assumptions of perfect competition." (Joan Robinson, S. 4) Damit wurde die Hoffnung verbunden, daß eine angemessenere Grundlage für die Sicherung des Wettbewerbs auf tatsächlichen, alles andere als den Idealen des vollkommenen Wettbewerbs entsprechenden Märkten erreicht werden könnte.

Die erste Annäherung an größere Realitätsnähe sind die mit den Namen Edward Chamberlin und Joan Robinson verbundenen Versuche aus den 30er Jahren, die Marktstrukturkomponenten weniger modelltheoretisch zu interpretieren. Gemessen an den Idealen des *vollkommenen* Wettbewerbs konnten die Annäherungen an die Wirklichkeit nur als "*Unvollkommenheiten*" begriffen werden. Die Lehre, die sich auf dieser Grundlage entwickelte, war die des "*unvollkommenen*" (Robinson) bzw. des "*monopolistischen*" (Chamberlin) Wettbewerbs.

"Unvollkommene" Strukturen

Derartige *unvollkommene* Marktstrukturen betrafen unter anderem:

– *Die Zahl der Anbieter.* War es realistisch, von einer unendlich großen Zahl auszugehen, oder waren die Produzenten angesichts der tatsächlichen Märkte und ihrer Aufnahmefähigkeit, aber auch angesichts der Mindestgröße eines Produktionsbetriebes zahlenmäßig begrenzt?

– *Die vollkommene Markttransparenz.* Konnte man von vollkommener Information sprechen, oder mußte man nicht anerkennen, daß die Herstellung von Marktdurchblick einen auch mit Kosten verbundenen Aufwand an Zeit und Energie bedeutet? Betraf diese Transparenz auch die Zukunft, die ihrerseits davon beeinflußt wird, wie man selbst die kommenden Entwicklungen einschätzt? Eigene künftige Entscheidungen sollen andererseits heute schon für die Mitbewerber als Teil der Markttransparenz offenliegen. Bestehen hier sogar logische Widersprüche?

– *Die Homogenität der Produkte.* Ist die Realität nicht dadurch gekennzeichnet, daß alle Anbieter als Teil des Wettbewerbs zu einer größeren Differenzierung der Produkte, zur Abgrenzung voneinander, neigen? Markenbezeichnungen, andere Konstruktionen und Zuschnitte, verschiedenartige Zusammensetzungen und Produktdesigns lassen die Waren zu heterogenen, verschiedenartigen Gütern werden, selbst wenn sie denselben Bedarf befriedigen.

"Monopolistische" Konkurrenz

Eine Folge dieser *Marktunvollkommenheiten* genannten realen Bedingungen waren Veränderungen des Marktverhaltens der Unternehmer. Kannte das Modell des *vollkommenen* Wettbewerbs nur die Mengenanpassung als Verhaltensform, so wurden in den Modellen des *unvollkommenen* bzw. *monopolistischen* Wettbewerbs die Verhaltensweisen differenzierter. Eine eigenständige Produktpolitik schuf Marktnischen, in denen auch eine selbständige Preispolitik möglich wurde; der Unternehmer mit seinem Kraftfahrzeug namens "Ford" war zwar ein Autoanbieter unter mehreren, aber doch "Monopolist" für Ford-Kraftfahrzeuge. Dies ermöglichte ihm angesichts entstandener Markentreue eigenständige Qualitäts- und Preisänderungen, ohne daß seine Kunden sofort auf andere Anbieter übergingen. Das ist die Grundlage des Begriffs des *monopolistischen* Wettbewerbs, denn "since each is a monopolist and yet has competitors, we may speak of them as competing monopolists." (Chamberlin, S. 9)

Was ist von der Wettbewerbsdynamik zu halten, wenn wir in einer Welt der (Quasi-)Monopole leben? Ein pessimistischer Anflug durchzieht die damalige Literatur. Der Niedergang des Wettbewerbs (*"decline of competition"*, wie es der Amerikaner Burns ausdrückte) schien unaufhaltsam, weil die *Unvollkommenheiten* der Marktstrukturelemente nicht zu beseitigen waren. Da weiterhin das Ideal des *vollkommenen* Wettbewerbs die (allerdings real nicht mehr erreichbare) Leitschnur blieb, konnte Wettbewerbspolitik nur versuchen, die reale Welt so weit wie möglich dem Idealbild anzunähern.

Das neoklassische Paradigma hatte unverändert Geltung. Die Entscheidung zwischen verschiedenen Strukturelementen mit dem Ziel der Wohlfahrtsmaximierung auch unter widrigen Bedingungen machte deutlich, daß es weiterhin um eine statische Handlungstheorie ging. Eine eigenständige Erklärung der wettbewerblichen Dynamik mit einer angemessenen Entwicklungstheorie klassischen Zuschnitts wurde nicht geleistet.

3.5. Theorie des funktionsfähigen Wettbewerbs

Ein auch heute noch sehr bedeutsamer Baustein für eine wettbewerbspolitisch einsetzbare Theorie des Wettbewerbs lieferte John M. Clark, der den Begriff des *"Workable Competition"*, des *funktionsfähigen* Wettbewerbs, in einem Vortrag vor der *American Economic Association* 1939 prägte und in einer gleichlautenden Veröffentlichung 1940 weltweit bekannt machte. Wenn Kaufer schreibt, daß "die Geschichte der Wettbewerbstheorie ... auch als die Geschichte des 'workability-Konzeptes' begriffen werden" (S. 328) könne, dann unterstreicht das die herausragende Bedeutung, die J. M. Clark zugeschrieben wird: "Er lieferte ... ein Auffangbecken gegen politischen Verzicht, der durch die empirisch registrierte und theoretisch bestätigte Unvollkommenheit des Marktes nahelag." (Riese, S. 85)

Gerade J. M. Clark ist bedeutsam für die Erklärung der Wettbewerbsdynamik, weil er in seinem wissenschaftlichen Werk eine deutlich sichtbare Zäsur vornimmt. Diese wird am Umgang mit den dynamischen Elementen des Wettbewerbs sichtbar, wie sie im Kontrast seines Beitrages von 1940, *"Toward a Concept of Workable Competition"*, mit dem umfangreichen Band *"Competition as a Dynamic Process"* von 1961 offenkundig wird.

1940 ging es Clark darum, in der neoklassischen Theorietradition eine wettbewerbliche Entscheidungstheorie zu liefern, mit der man politisch zwar keinen vollkommenen, aber dennoch einen wirksamen Wettbewerb erreichen konnte. Dabei ging Clark wie seine unmittelbaren Vorgänger von der Unvermeidbarkeit tatsächlicher *Unvollkommenheiten* der Märkte aus. Der Maßstab dafür waren die Normen der Theorie des *vollkommenen* Wettbewerbs. Neu bei ihm war, daß er diese sogenannten Unvollkommenheiten nicht mehr bedauerte, sondern "unter den nicht zu beseitigenden Bedingungen ... die wünschenswerten Formen des Wettbewerbs aussuchen und begrifflich formulieren" wollte (Clark, S. 144).

Diese abstrakten Ausführungen bedürfen eines Beispiels: Man betrachte einen Markt, auf dem es nur eine geringe Zahl von Anbietern gibt. Das ist sicher eine "Unvollkommenheit" im Sinne der Theorie des *vollkommenen* Wettbewerbs, die eine unendlich große Zahl von total machtfreien Anbietern am Markt fordert. Für Clark war das an sich noch kein Unglück. Es gab Beobachtungen, wonach auf Märkten mit wenigen, dafür aber handlungsstarken Anbietern eine erhebliche Wettbewerbsintensität vorherrschen konnte.

"Gegengift"-These

Was würde auf dem vorgenannten Markt mit wenigen starken Anbietern geschehen, wenn eine andere Marktstrukturkomponente, z. B. die Transparenz, vollkommen wäre? Clark befürchtete, daß vollkommene Marktinformation bei wenigen Anbietern, den Oligopolisten, dazu führen könnte, daß diese auf Wettbewerb gänzlich verzichteten. Wenn nämlich jeder der Oligopolisten erfährt, daß ein Konkurrent die Preise senkt, um seinen Marktanteil auszuweiten, dann wird jeder andere sofort in gleicher Weise reagieren, um derartige Verschiebungen zu seinen Lasten zu vermeiden. Das Ergebnis dieser durch die hohe wechselseitige Reaktionsverbundenheit bewirkten gleichförmigen Verhaltensweisen wäre ein allgemeiner Preisverfall, der zwar gut für die Nachfrager, aber verlustreich für die Anbieter ist. Also lassen sie diesen Preiswettbewerb von vornherein bleiben. Die Markttransparenz kann somit auf die Oligopolisten äußerst disziplinierend wirken, Wettbewerbshandlungen zu unterlassen.

Somit fordert eine "Unvollständigkeit der einen Art eine weitere, die ihr einen Teil der Last abnimmt." ("Remedial imperfection", Clark, S. 152) Letzteres wäre der Fall, wenn die Markttransparenz eingeschränkt ist, also ebenfalls unvollkommen ist wie die Anbieterzahl. In diesem Fall wissen die Konkurrenten nicht, ob einer der Anbieter z. B. durch verdeckte Preisrabatte Kunden an sich zieht. Die anderen Wettbewerber bleiben daher gut beraten, Wettbewerbshandlungen weiterhin zu betreiben, um sich am Markt zu behaupten. Wie Schmidt (1973, S. 25) herausstellte, konnte Clark mit dieser als *"Gegengift"-These* bezeichneten Behandlung verschiedener *Unvollkommenheiten* einen entscheidenden Wandel der Wettbewerbstheorie im Umgang mit der Realität der Märkte herbeiführen.

Clarks Theorie baute weiterhin auf dem neoklassischen Paradigma des Wettbewerbs auf; seine Theorie war unverändert eine Entscheidungstheorie (jetzt allerdings zwischen realen Marktgegebenheiten) und keine dynamische Entwicklungstheorie klassischen Zuschnitts. *"Funktionsfähig"* war der Wettbewerb, weil er die Erfüllung der bekannten statischen Wettbewerbsfunktionen "Konsumentenpräferenz", "optimale Faktorallokation" und "leistungsgerechte Einkommensverteilung" auch unter Bedingungen gewährleistete, die vom Vollkommenheitsideal abwichen.

Wettbewerbsdynamik

1961 hatte J. M. Clark versucht, aus den Begrenzungen der statischen Entscheidungstheorie neoklassischen Zuschnitts auszubrechen und den Schritt hin zu einer dynamischen Theorie zu leisten: "For appraising dynamic progress 'perfection' is an irrelevant criterion." (1961, S. 2) Die Marktvollkommenheiten der Statik werden unerheblich; wettbewerbliche Dynamik hat andere Quellen. Und zwar sind dies die mittlerweile vertrauten, den aktuellen Stand der Wettbewerbstheorie kennzeichnenden "Folgen nie abgeschlossener Vorstoß- und Verfolgungsphasen (Clarks 'moves and responses') ... Pioniergewinne aufgrund temporärer Vorzugsstellungen sind sowohl Folge als auch Voraussetzung für diese neue Wettbewerbsform." (Schmidt 1973, S. 26) Der Bogen der Wettbewerbstheorie scheint sich damit geschlossen zu haben: Das klassische Paradigma der dynamischen Entwicklungstheorie könnte seine zeitgemäße Wiederentdeckung im dynamisierten funktionsfähigen Wettbewerb gefunden haben.

Ob es tatsächlich gelang, wettbewerbliche Dynamik mit politisch geforderten Handlungsanweisungen zu verbinden, also Klassik und Neoklassik miteinander zu verbinden, soll nach einer Erläuterung der wettbewerbspolitischen Konzeption des *funktionsfähigen* Wettbewerbs geprüft werden.

3.6. Wettbewerbspolitik auf der Grundlage des "Workable Competition"

Aufgabe der Wettbewerbspolitik ist es, die Wirksamkeit der Wettbewerbsdynamik auf einem realen Markt zu schützen und zu fördern. Das bedeutet grundsätzlich die Entfernung aller Hemmnisse, die einem dynamischen Wettbewerb entgegenstehen. Dabei ergeben sich mehrere Planphasen für die Politik: Die *Ziele der Wettbewerbspolitik* im einzelnen sind festzulegen; die Politik muß daraufhin aktuelle Wettbewerbsvorgänge im Hinblick auf die zu erreichenden Ziele bewerten und die *Ursachen von Mängeln* bei den realen Vorgängen feststellen; als weiterer Schritt sollte die Wettbewerbspolitik konkret bestimmen, *mit welchen*

Mitteln versucht werden sollte, diese Mängel im Hinblick auf die Stärkung der Wettbewerbsdynamik zu beseitigen.

Beispiel:

Wettbewerbspolitisch werde das Ziel festgelegt, angesichts starker weltweiter Konkurrenz der Volkswirtschaft die Innovationstätigkeit ("Fortschrittsfunktion des Wettbewerbs") zu stärken. Bei der Diagnose der tatsächlichen Marktverhältnisse stellte man fest, daß die wenigen Anbieter auf dem jeweiligen Markt im Rahmen von Treffen ihres Industrieverbandes übereingekommen waren, gemeinsam auf die Einführung neuer Produktionsverfahren zu verzichten: Die wären sehr teuer und würden die gesamten bisher eingerichteten Anlagen entwerten.

Ursachenanalyse

Welche Therapie wäre im vorstehenden Fall angezeigt? Wettbewerbspolitisch müßte gegen die gemeinsame Abstimmung des Investitionsverhaltens vorgegangen werden (Kartellverbot bzw. Untersagung sogenannter *abgestimmter Verhaltensweisen*). Wenn das angesichts der geringen Zahl von Anbietern nicht ausreicht, weil diese auch bei ausgesprochenem Verbot tatsächlich nichts anderes tun als abzuwarten, dann wäre der Marktzutritt zusätzlicher Konkurrenten zu fördern, z. B. durch Öffnung der Grenzen gegenüber ausländischen Anbietern. An dieser Stelle sei ausdrücklich auf die auch wettbewerbspolitisch überaus wichtige Schaffung der *Europäischen Union* erinnert – diese bedeutet insbesondere die Schaffung eines größeren Marktes mit erheblich gesteigerter Wettbewerbsintensität!

Dieses Beispiel dient gleichzeitig dazu, die wettbewerbspolitische Analyse zu erweitern: Neben dem Dreischritt von Ziel, Diagnose und Therapie ist zu prüfen, ob sich die jeweilige Maßnahme bezieht auf

- die *Wettbewerbswirkungen* (die Zieldefinition "Innovationsintensität" betrifft beispielsweise eine angestrebte Wirkung);
- den *Wettbewerbsprozeß* (die Diagnose bezieht sich auf den Wettbewerbsprozeß, der durch abgestimmtes Verhalten beschränkt wurde);
- die *Wettbewerbsvoraussetzungen* (die Therapie betraf mit dem Kartellverbot den Wettbewerbsprozeß, aber auch seine Voraussetzungen, als die Öffnung der Märkte und damit der Zutritt neuer Konkurrenten "verordnet" wurde).

In Abbildung 9 sind diese *Grundlegungen der Wettbewerbspolitik* zusammengestellt (Herdzina 1993, S. 53).

Definitions-, Test- und Therapie- ansätze / Planphasen der Politik	Wettbewerbs- wirkungen	Wettbewerbsprozeß	Wettbewerbs- voraussetzungen (Determinanten)
Zielfestlegung (Wettbewerbs- definition)	Marktergebnisse – ökonomische (Anpassung, Fort- schritt, Verteilung) – außerökonomische (Freiheit)	Marktverhalten – positive Definition (Vorstoß und Verfolgung) – negative Definition (Fehlen von frei- heits- bzw. wett- bewerbsbeschrän- kendem Markt- verhalten)	– Marktstruktur (z. B. homogenes Polypol) – Wettbewerbsfrei- heit – Sonstige
Diagnose und Ursachenanalyse	nichtwettbewerbliche Marktergebnisse (z. B. zu hohe Preise, zu geringe Freiheit)	nichtwettbewerbli- ches bzw. wettbe- werbsbeschränkendes Marktverhalten (z. B. Kartell)	– nichtwettbewerbli- che bzw. wettbe- werbsgefährdende Marktstruktur (z. B. Monopol) – Fehlen von Wett- bewerbsfreiheit
Therapie	Symptomtherapie Verbot bzw. Unter- sagung nichtwettbe- werblicher Markt- ergebnisse (z. B. Mißbrauchs- aufsicht über Preise)	Ursachentherapie bezüglich wettbe- werbsbeschränken- dem Marktverhalten: Verbot (z. B. Kartellverbot)	Ursachentherapie bezüglich wettbe- werbsgefährdender Marktstrukturen: – Zusammenschluß- kontrolle – Marktöffnung – Entflechtung
		besondere Verhaltensauflagen in wettbe- werbsgefährdenen Marktstrukturen (z. B. besondere Behinderungsverbote)	

Abbildung 9: Systematik der Ansätze der Wettbewerbspolitik

Bestimmung relevanter Märkte

Die grundlegende Handlung einer die Wettbewerbsdynamik prüfenden Wettbewerbspolitik ist die *Bestimmung des Marktes*, auf dem sich dieser Wettbewerb
überhaupt abspielt. Hier handelt es sich um keine Selbstverständlichkeit, wie sie

aus der neoklassischen Modelltradition des *vollkommenen* Wettbewerbs überliefert wurde.

In einer Welt vollkommener Voraussetzungen gab es nur homogene Güter; Kunden-, Lieferanten- und Markenpräferenzen fehlten.

Beispiel:

Es gehe um Silozement einer bestimmten DIN-Spezifikation. Hier ist das Produkt identisch, egal von welchem Anbieter es kommt. Die Marktabgrenzung dürfte in diesem Fall keine Probleme bereiten.

Auf der Masse der Märkte ist das nicht so einfach festzustellen; daher müssen die Märkte genauer bestimmt werden, bevor die eigentliche Analyse des Wettbewerbs auf eben diesen Märkten beginnen kann.

Beispiel:

Kosmetik, Produktkategorie "Eau de Cologne": Befinden sich Eaux für Damen und Herren auf getrennten Märkten, oder geht die Kundschaft dazu über, jenseits der traditionellen Trennung nach Geschlechtern zu kaufen? Ein oder zwei Märkte? Welche Rolle spielen die verschiedenen Marken und Duftnuancen? Haben sich Kundinnen auf ein Markenprodukt mit seiner Duftnote festgelegt? Oder prüfen sie häufiger (preis-, design-, werbungsabhängig?) verschiedene Produkte desselben und anderer Anbieter? Gehören bei den Herren-Eaux-de-Cologne auch Rasierwässer zu den möglichen Alternativen?

Grundsätzlich vergleichbare Fragestellungen stellen sich auf praktisch allen anderen Märkten bei der Analyse, wie angesichts der vielfältigen *Ursachen für Heterogenität der Produkte* die Märkte sinnvoll abzugrenzen sind. Schon das oben angeführte Beispiel läßt erkennen, daß die getroffene Entscheidung über die Marktabgrenzung (die Bestimmung des für die Analyse *relevanten* Marktes) häufig strittig bleiben wird, wobei entgegengesetzte Interessen eine Rolle spielen. Denn je enger der Markt abgegrenzt wird, je weniger der verschiedenartigen Produktvarianten diesem "*Bedarfsmarkt*" zugerechnet werden, desto geringer ist die Anbieterzahl und desto eher ist eine marktstarke Unternehmung festzustellen. Letzteres wiederum ist vielfach die Voraussetzung für wettbewerbspolitische Eingriffe in der Form der sogenannten *Mißbrauchsaufsicht* über Marktbeherrscher.

Die betroffenen Unternehmen, die genau diese Gefahr eines sie einschränkenden Eingriffs befürchten, argumentieren daher in die entgegengesetzte Richtung einer möglichst weiten Marktabgrenzung: Konkurriert nicht jeder Anbieter um das Geld der Kundschaft? Was die Leute nicht für Autos ausgeben, können sie für Urlaubs-reisen locker machen, oder für bessere Wohnungseinrichtungen – daher stünden Anbieter von Kraftfahrzeugen und von Möbeln miteinander im Wettbewerb. Und außerdem gebe es die Konkurrenz aus Südostasien, und wenn diese tatsächlich noch nicht auf dem Markt angetreten sei, dann sei sie dennoch eine heute schon zu berücksichtigende lauernde Gefahr (sogenannte *potentielle Konkurrenz*).

Wenn somit jeder mit jedem in Wettbewerb stehe, dann gebe es für niemanden mehr, auch nicht den größten multinationalen Konzern, eine marktstarke Position. Und wer nicht Marktbeherrscher sei, der könne diese Stellung nicht mißbrauchen, so daß Verfügungen der Wettbewerbsbehörde nicht mehr erforderlich seien. Dieser Ansatz geht auf die bei der Behandlung des *unvollkommenen* Wettbewerbs erwähnte Joan Robinson (1933, S. 4) zurück, die von der "*totalen Konkurrenz*" sprach.

Welche Verfahren bietet die Wettbewerbstheorie an, um möglichst objektiv die Marktabgrenzung vornehmen zu können?

Die Verfahren (vgl. dazu insbesondere Schmidt 1993, S. 44 ff.) konzentrieren sich auf die *Substituierbarkeit der Waren*. Das bedeutet, daß die Einschätzung der Nachfrager das entscheidende Kriterium ist. Wenn sie Hohlkörper aus Schokolade in der Form von Weihnachtsmännern oder Osterhasen als gleichartig ansehen und sich nachweisbar am Markt so verhalten, dann gehören diese Produkte eben zum selben Markt. Und wenn Frauen Jeans nachfragen, die "eigentlich" für Männer hergestellt wurden, dann ist an dieser Stelle ein nach Geschlechtern getrenntes Produktprogramm tatsächlich ein Angebot auf demselben Markt.

Ausprägungen des Substitutionskonzepts

Die Abgrenzung *relevanter* Märkte nach dem *Grad der Austauschbarkeit* der angebotenen individuellen Produkte wird zum Beispiel von Joan Robinson vor-geschlagen. Auch wenn die Konsumgüter in totaler Konkurrenz zueinander stün-den, befinden sich doch einige in enger Substitution (z. B. Brotsorten), während sich "Substitutionslücken" zu anderen Produkten (Reis, Kartoffeln, Spaghetti) auftun. Sind diese Lücken weit genug, können sie als Abgrenzungspfähle zwi-schen verschiedenen Märkten dienen.

Andere Autoren (z. B. H. v. Stackelberg) gehen in der Tradition der neoklassi-schen Marktanalyse von *Elementarmärkten* aus, auf denen jeweils homogene Güter angeboten werden. Jeder dieser unterschiedlichen Elementarmärkte (z. B. der Markt für den "VW Golf" oder der für den "Opel Astra") ist Teil des *unvollkommenen*, das heißt nicht mehr homogenen, Gesamtmarktes der Mittel-klasseautomobile. Wie eng sind nun die Beziehungen zwischen den Elementar-märkten im tatsächlichen Kundenverhalten? Bestehen nachweisbare enge Markt-beziehungen, so könnte man alle dazugehörenden Elementarmärkte zum relevan-ten Markt hinzuzählen. Der Streit wäre damit aber nicht zu Ende, weil trotz erfolgreicher Abgrenzung des Marktes für Mittelklasseautos gefragt werden könnte, ob es nicht auch Substitutionsbeziehungen zum Markt der Kleinwagen gibt.

Weiterhin wurde von H. Arndt und L. Abbot der Vorschlag unterbreitet, alle Güter, die denselben gesellschaftlichen Bedarf befriedigen, einem Markt zuzu-rechnen (*"Bedarfsmarktkonzept"*). Auch hier kann es Streit geben, wenn z. B. nach dem gesellschaftlichen Bedarf an "Information über politische Ereignisse" gefragt wird und Zeitungen, Journale, Magazine, überregionale Blätter, Fernseh- und Rundfunksendungen demselben Markt zugeordnet werden. Gibt es dann noch Verlage, die auf Regionalmärkten eine marktbeherrschende Stellung haben? Den-noch hat dieses Konzept eine große praktische Relevanz erlangt. Schmidt wies ausdrücklich darauf hin, daß man auf dieser Grundlage repräsentative Befragun-gen des Handels oder von Verbrauchern durchführen konnte (1993, S. 46).

In Anlehnung an R. Triffin läßt sich auch das *Konzept der externen Interdepen-denz* heranziehen. Alle Produkte, die in der Weise in nachweisbarer Beziehung stehen, daß Preisänderungen des einen Gutes die mengenmäßige Nachfrage nach dem anderen Gut beeinflussen (Preiserhöhungen bei Zigaretten führen zu Mehr-nachfrage nach Schnittabak und Zigarettenpapier), würden zum selben relevanten Markt zählen.

Auf E. Schneider geht das *Konzept der Wirtschaftspläne* zurück. Es knüpft daran an, daß alle Unternehmen Produktions- und Absatzplanungen durchführen, wobei sie die Bedingungen auf den jeweiligen Märkten in ihre Planungen einbeziehen (müssen). Zum selben relevanten Markt würden dann alle diejenigen anderen Anbieter zählen, mit deren Wettbewerbshandlungen die betreffenden Unterneh-men rechnen müssen.

Diese verschiedenen Varianten des Substitutionskonzepts wären von den Wett-bewerbspolitikern heranzuziehen, wenn sie die Märkte nach den wettbewerbli-chen Beziehungen "befragen". Je nach Qualität und Überzeugung der angewand-ten Analysen, die auch eine Kombination verschiedener Ausprägungen sein kön-nen, haben die Wettbewerbsbehörden eine Chance, in der Konfrontation mit anderen Marktabgrenzungsversuchen betroffener Anbieter vor Gericht zu beste-hen.

Industrie-Konzept

Zu weiteren Marktabgrenzungsverfahren gehört das *Industrie-Konzept*, das sich auf A. Marshall zurückführen läßt. Es setzt bei den Produktionsermittlungen der Statistischen Landesämter ein und zählt die Produkte zum selben Markt, die derselben *technischen Spezifikation* entsprechen, wie sie mit den Kennziffern der Industrie- und Außenhandelsstatistik bezeichnet werden. Jedes hergestellte Produkt hat eine sechsstellige Kennziffer, unter der jedes Unternehmen zur Produktionsmeldung verpflichtet ist. Vereinfacht gesagt, bildet jede Statistikziffer einen Markt.

Diese technisch bedingte Sicht berücksichtigt zwar keine tatsächlichen Austauschbeziehungen auf Märkten und ist daher für eine endgültige Marktabgrenzung unzureichend. Die Produktionsangaben sind jedoch tatsächlich ein wichtiger *erster Einstieg in die Marktabgrenzung*. Sie vermitteln einen ersten Überblick über die Zahl möglicher Produzenten und den Umfang des gesamten Marktes in Mengen und Werten. Berücksichtigt man die (nicht ganz identischen) Kennziffern der Außenhandelsstatistik, dann ergibt sich ein korrespondierender Überblick über den Umfang des ausländischen Angebots für dieselbe Produktart und Produktgruppe.

Das Konzept der Produktionsflexibilität

Zum selben Markt gehören nicht nur die tatsächlichen Anbieter der betrachteten Produktart, sondern auch diejenigen Anbieter, die wegen der hohen Flexibilität ihrer Anlagen in diesen Markt einsteigen können. Schmidt (1993, S. 48) weist auf die Bedeutung dieses Ansatzes für die Einbeziehung potentiellen Wettbewerbs bei der Untersuchung hin, ob ein Unternehmen über eine überragende Marktstellung gegenüber Wettbewerbern verfügt.

Marktstruktur und Wettbewerbsdynamik

Nachdem die Frage geklärt wurde, auf welchem relevanten Markt sich der Wettbewerb abspielen soll, muß jetzt danach gefragt werden, ob und wie die Wettbewerbsdynamik von den möglichen Marktstrukturen abhängt. Die Neoklassik will somit eine Entscheidung zwischen unterschiedlichsten Märkten im Hinblick auf die zu erwartende Wirksamkeit des Wettbewerbs vornehmen. Ziel der Untersuchung wird es sein, die Marktstrukturen zu ermitteln, die die größtmögliche Wettbewerbsintensität erwarten lassen.

Nach J. M. Clark hängt der spezifische Charakter des Wettbewerbs in jedem konkreten Fall von überraschend vielen Bedingungen ab. Mit seiner Aussage von der grundlegenden Bedeutung der sogenannten *conditioning factors* bzw. der Marktstrukturen unterstrich Clark (S. 145) das Hauptanliegen des *Workable Competition*, von den als unrealistisch begriffenen Marktvoraussetzungen wegzukommen, die den *vollkommenen* Wettbewerb auf ein realitätsfernes, wenn auch analytisch eindeutiges Abstellgleis rangiert hatten.

An die Stelle der idealen Vollkommenheitsbedingungen sollten nun die realen Marktstrukturen treten. Letztere waren allerdings mit anderen Hypothesen über die Wechselwirkung, die die jeweilige Struktur mit der Dynamik des Wettbewerbs haben sollte, verbunden. Hatte der *vollkommene* Wettbewerb beispielsweise vermutet, daß die Erfüllung der Marktstrukturkomponente "unendliche Anbieterzahl" für vollkommenen Wettbewerb sorgte, so war der *funktionsfähige* Wettbewerb der Auffassung, daß eher "ein gesunder Grad der Vielfalt" größerer und kleinerer Anbieter den Wettbewerb befördere (Kaufer, S. 329). Allein schon die wenig präzise Forderung nach der Strukturkomponente "gesunde" Vielfalt weist darauf hin, daß die Wettbewerbstheorie mit der Annäherung an die Realität die Präzision ihrer Modellannahmen aufgeben mußte.

Zu den Komponenten der Marktstruktur gehören in Anlehnung an Schmidt (1993, S. 50–52) u. a. die folgenden Merkmale:

– Die *Anzahl der Anbieter und Nachfrager*, wie oben erwähnt, sowie ihre Marktanteile, die im Rahmen der Abgrenzung des relevanten Marktes ermittelt wurden.

– Der *Grad der Produktheterogenität*, wobei eine gewisse Verschiedenartigkeit der Güter den Wettbewerb intensivieren kann.

– Die *Markttransparenz*, die nach der oben erwähnten Gegengiftthese den Wettbewerb zwar gemeinhin stärkt, gelegentlich jedoch auf Märkten mit nur wenigen Anbietern homogener Waren die gegenseitige Verhaltensabhängigkeit so weit erhöht, daß tatsächlich kein Wettbewerb mehr stattfindet.

– Die *Anpassungsgeschwindigkeit*. Ist sie hoch, intensiviert das den Wettbewerb, verglichen mit ausbleibender Marktreaktion. Andererseits kann zu schnelle Anpassung die für Innovationen notwendigen Pioniergewinne zu schnell abbauen.

– Die *Höhe der Marktschranken*. Generell kann unterstellt werden, daß der Wettbewerbsdruck mit Höhe der Marktschranken zurückgeht.

- Die *Produktions- und Absatzflexibilität.* Je flexibler die Reaktionen, desto stärker die Wettbewerbsdynamik.

- Die *konjunkturelle Lage* und der Grad der Kapazitätsauslastung. Hier wird vermutet, daß rezessive Phasen und Unterauslastungen den Wettbewerbsdruck bei den Anbietern erhöhen.

- Die *Marktphase* und der Unternehmenstypus. Diese Strukturmerkmale rufen in Erinnerung, daß es wachsende oder schrumpfende Märkte, mehr dynamische oder mehr reaktive Unternehmer geben kann, was seinerseits den Wettbewerbsdruck unterschiedlich beeinflußt.

- Die *innere Unternehmensstruktur.* Kaufer (S. 333 f.) weist ausdrücklich darauf hin, daß sich eigentümer- oder managementgeleitete Unternehmen im Wettbewerbsverhalten unterscheiden können.

- Das *Produktionsprogramm* mit der Unterscheidung, ob ein *diversifiziertes* oder ein *Einproduktunternehmen* am Wettbewerb teilnimmt. Letzteres wird sich intensiver in den Marktwettbewerb einschalten, weil seine Zukunft ausschließlich vom Erfolg des jeweiligen Produktes abhängt.

- Die *personellen und finanziellen Verflechtungen,* die für weitgehenden Ausschluß von Wettbewerb sorgen können.

Für die wettbewerblichen Wirkungen der jeweiligen Strukturkomponenten gibt es noch weitere als die hier angesprochenen Annahmen. Eine systematische Darstellung der teilweise widersprüchlichen Hypothesen bringt Herdzina (1993, S. 75 ff.).

Merkmale des Marktverhaltens

In dem Bemühen, Marktverhaltensweisen darauf zu untersuchen, ob sie einem *funktionsfähigen* Wettbewerb förderlich sind oder nicht, analysierte einer der "Altmeister" der Wettbewerbstheorie, Joe S. Bain, die folgenden beiden hauptsächlichen Verhaltensweisen (Bain, S. 9 f.):

- Die *Preispolitik von Unternehmen,* die sie entweder individuell oder kollektiv festlegen. Dabei sei besonders interessant zu erfahren, nach welchen Zielen und Methoden sie Preisforderungen festsetzen, welche Produktion sie planen, welches Produktdesign sie wählen, welche Vertriebsförderung sie betreiben.

- Den Prozeß bzw. den Mechanismus der *wechselseitigen Beeinflussung* und Koordinierung der Marktpolitik konkurrierender Anbieter.

Diese globalen Verhaltensformen lassen sich entsprechend untergliedern, um zu genaueren Aussagen über das unternehmerische Vorgehen auf einzelnen Märkten zu gelangen. So ließe sich beispielsweise bei der Analyse möglicher Koordinierungen der Preispolitik ermitteln, ob die Unternehmen auf einem Markt geheime Kartellabsprachen treffen, sich über die Rabattsätze verständigen, sich gegenseitig über ihre Preispolitik durch Preismeldestellen informieren oder grundsätzlich darauf achten, daß die Konkurrenz keinen Überblick über die verschiedenen Preisforderungen an unterschiedliche Abnehmer erhält, usw.

Die Theorie des *funktionsfähigen* Wettbewerbs geht davon aus, daß diese verschiedenartigen Vorgehensweisen von Unternehmen am Markt nicht zufällig stattfinden, sondern durch die Marktstrukturen beeinflußt werden. Bei hoher Anbieterkonzentration kann damit gerechnet werden, daß sich die wenigen großen Unternehmen über die Höhe und die Änderungsraten ihrer Marktpreisforderungen verständigen, mindestens jedoch aggressive Handlungen gegeneinander vermeiden. Daß das die Dynamik des Wettbewerbs auf diesem Markt abbremsen dürfte, ist leicht einzusehen.

Die Dimensionen des Marktergebnisses

Marktergebnis bezeichnet das Endresultat aller auf den Markt gelangenden Maßnahmen eines Unternehmens in den Dimensionen von Preisen, Produktion, Produktions- und Vertriebskosten, Produktgestaltung usw. Im Zeitablauf sind zudem die Veränderungen dieser Größen (Wie viele neue, verbesserte Produkte? Welche Preissenkungen durch wettbewerbliche Kosteneinsparungen?) maßgeblich, um die Wirksamkeit des Wettbewerbs endgültig einzuschätzen – und darauf kommt es der Lehre vom *funktionsfähigen* Wettbewerb hauptsächlich an: Die *positive Beeinflussung der Wohlfahrt einer Volkswirtschaft* (Bain, S. 19). Hier besteht die Vorstellung, daß die Wettbewerbsbedingungen (die "Strukturen"), verbunden mit den vorfindlichen Verhaltensweisen der Unternehmerschaft, ein in groben Zügen bestimmtes Marktergebnis hervorbringen: *Wettbewerbliche Strukturen und Verhaltensweisen werden grundsätzlich ein gutes Marktergebnis hervorbringen; vermachtete Strukturen und Behinderungsverhalten eines Marktbeherrschers grundsätzlich ein schlechtes.*

Dimensionen des Marktergebnisses nach Bain (und in ähnlicher Form nach anderen Vertretern des *funktionsfähigen* Wettbewerbs) sind insbesondere die folgenden:

– Die relative *technische Effizienz* einer Produktionslinie, gemessen an den leistungsfähigsten in- bzw. ausländischen Anbietern.

- Die *Höhe der Verkaufspreise* in Bezug zur Kostenstruktur, gemessen an den langfristigen Grenzkosten.

- Der *Umfang der Produktion* der jeweiligen Branche, gemessen an den Unternehmensgrößen, bei denen die Preise den langfristigen Grenzkosten entsprechen. Ist das nicht der Fall, liegen die Preise über den Grenzkosten, dann spricht das für eine Angebotsverknappung. Der Wettbewerb hätte seine Funktion, den Ausstoß zu erweitern und die Preise zu senken, noch nicht zureichend erfüllt.

- Der *Umfang der Vermarktungskosten* im Verhältnis zu den Produktionskosten. Fehlender Wettbewerbsdruck verursacht häufig zu hohe Vertriebskostenanteile.

- Die *Qualität des Produkts* im Hinblick auf Funktionsfähigkeit, Gestaltung, technische Entwicklung und Preisforderung.

- Der *Grad der Umsetzung von Innovationen* in der untersuchten Branche. Rückständigkeit des Produktionsprogramms deutet auf unzureichenden Wettbewerbsdruck.

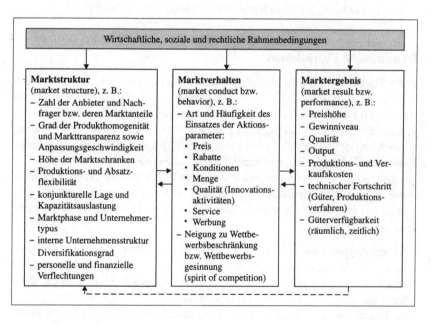

Abbildung 10: Zirkuläre Verknüpfung von Marktstruktur, Marktverhalten und Marktergebnis (nach Schmidt 1993, S. 55)

Marktstruktur, Marktverhalten und Marktergebnis sind, worauf insbesondere Schmidt (1993, S. 50, 55) hingewiesen hat, im *dynamischen Prozeß auf Märkten zirkular miteinander verknüpft*. Das bedeutet, daß neben der Hauptwirkungslinie (die Struktur des Marktes beeinflußt die Verhaltensweisen, beide wirken in Richtung auf ein bestimmtes Marktergebnis) noch entgegengesetzte Wirkungen zu erwarten sind: Ein Marktergebnis z. B., das einem Unternehmen überdurchschnittliche Gewinne bringt, kann dieses veranlassen, die Konkurrenten aufzukaufen. Die Marktstruktur verändert sich als Folge dieser Unternehmenskonzentration.

3.7. Funktionsfähigkeit des Wettbewerbs nach Kantzenbach

Eine besondere Deutung erfuhr das Konzept des *funktionsfähige*n Wettbewerbs durch Erhard Kantzenbach im deutschen Sprachraum mit dem ausdrücklichen Ziel, eine wettbewerbspolitisch praktikable Theorie zu entwickeln.

Dynamische Funktionen

In der Tradition des neoklassischen Wettbewerbsparadigmas wollte Kantzenbach den Handlungsträgern eine Entscheidungslehre an die Hand geben, unter den vielfältigen Formen von realen Marktstrukturen diejenigen auszuwählen, die das voraussichtlich beste Marktergebnis gewährleisteten. Im Bewußtsein der Weiterentwicklung des *Workable Competition* durch Clark und andere Autoren stellte Kantzenbach die *dynamischen Aspekte des Wettbewerbs* in den Mittelpunkt. Das geschah, indem er den traditionellen statischen Wettbewerbsfunktionen (Konsumentensouveränität, optimale Faktorallokation, leistunsgerechte Einkommensverteilung) zwei dynamische an die Seite stellte: *hohe Anpassungsflexibilität* und *Innovationsaktivität*.

Erkennbar wurden die möglichen Widersprüche zwischen statischen und dynamischen Funktionen: Wenn anpassungsfähige Unternehmen höhere Gewinne machen als gleichartige, aber weniger reaktionsschnelle Unternehmen, dann könnte die statische Verteilungsfunktion unzureichend erfüllt sein. Hier galt es eine Entscheidung zu treffen: Im Interesse einer hohen Innovations- und Reaktionsfähigkeit der Volkswirtschaft wurde dem ungehinderten Ablauf von "moves" und "responses" im Zusammenhang mit der Wettbewerbsdynamik ein höherer

Wert eingeräumt, so daß die *Erfüllung der dynamischen Funktionen für wichtiger* postuliert wurde als die der statischen.

Wettbewerbsintensität

Getreu dem Anspruch, der Wettbewerbspolitik Entscheidungskriterien an die Hand zu geben, interpretierte E. Kantzenbach die Marktstrukturlehre des *Workable Competition* im Hinblick auf eine Maximierung der Wettbewerbsintensität. Die höchste Wettbewerbsintensität sei zu erwarten, wenn möglichst wenige, aber leistungsfähige Großunternehmen einen Kampf um die Marktführerschaft bestritten. Hier, im *engen Oligopol*, wäre zumindest potentiell die Wettbewerbsintensität am größten.

In der Marktrealität sei jedoch wahrscheinlich, daß sich die wenigen Oligopolisten (oder gar nur zwei am Markt auftretende "Dyopolisten") miteinander verständigen und die Märkte nach ihren Interessen ausbeuten. In diesem Fall wäre die Wettbewerbsintensität effektiv dramatisch gesunken, obwohl sie potentiell sehr hoch hätte sein können.

Andererseits müßte man mit Kantzenbach davon ausgehen, daß auf sogenannten polypolistischen Märkten, also solchen mit sehr vielen kleinen, wenig leistungsfähigen Unternehmen, die Intensität des Konkurrenzverhaltens am geringsten sei: Hatte nicht die Kritik am *vollkommenen* Wettbewerb herausgestellt, daß der Wettbewerb zwischen einer Menge Schlafmützen nichts bewirkt?

"Weite" Oligopole

Das Innovative an Kantzenbachs Werk liegt darin, daß er den Unterschied zwischen der potentiellen und der effektiven Wettbewerbsintensität für die Wettbewerbspolitik nutzbar machte: Die Wettbewerbspolitik müßte die Marktform herstellen, bei der potentielle und effektive Wettbewerbsintensität gleichzeitig am größten wäre. Kantzenbachs Antwort: Das sei in der Marktform des sogenannten *weiten Oligopols* der Fall. Erst wenn dieses sich weiter verengt, die Unternehmen immer mächtiger werden, fallen potentielle und effektive Wettbewerbsintensität auseinander, so daß der tatsächliche Wettbewerbsdruck im engen Oligopol stark nachläßt.

Die Konsequenz: Wegen des angenommenen Kausalzusammenhangs zwischen Marktstruktur und Wettbewerbsintensität müßten die Märkte in der Weise gestaltet werden, daß man Polypole zu Oligopolen verdichtet (Konzentrationsförderung!), enge Oligopole jedoch durch Entflechtungen zu weiten ausdehnt. Wie

Kaufer (S. 328) nicht ohne Ironie feststellte, müßte man nur den Mechanismus der Anbieter- und Nachfragerzahl betätigen, und Wettbewerb, technischer Fortschritt und so weiter stellen sich ein. Mit diesem Drehen an der Marktstrukturschraube hätte man vermeintlich die wesentliche Arbeit für die Herstellung funktionsfähigen Wettbewerbs geleistet.

3.8. Wettbewerbspolitischer Einfluß des "Workable Competition"

Die politische Bedeutung von Theorien liegt – wie anfangs dargelegt – in ihrer Eignung, die Grundlage einer erfolgreichen Gestaltungslehre zu sein. Zu prüfen ist, ob die Lehre des *funktionsfähigen* Wettbewerbs diese Aufgabe widerspruchsfrei erfüllen konnte und insofern dem *vollkommenen* Wettbewerb überlegen war, der praktisch an seinen unrealistischen Modellannahmen gescheitert war.

Grundlage der Politik

Bezogen auf die deutsche Wettbewerbspolitik, wie sie seit 1958 auf der Grundlage des GWB betrieben wird, muß man die *Existenz von "drei Paten"* (Hoppmann) feststellen; Parlament und Regierung hatten die Wettbewerbspolitik nicht allein auf die Karte einer Theorie gesetzt, sondern in einem acht Jahre dauernden politischen Prozeß einen Kompromiß gesucht, der drei Ansätze miteinander verknüpfte:

– *erstens* die Theorie des *vollkommenen* Wettbewerbs als Leitlinie, modifiziert durch den "Ordoliberalismus" der *Freiburger Schule*;

– *zweitens* einige Grundgedanken der Freiheitssicherung des amerikanischen *Antitrust*, wie sie durch die *alliierten Dekartellierungs-* und *Dekonzentrationsgesetze* ab 1945 nach Deutschland gelangt waren;

– *drittens* Erkennntisse aus dem sich damals verbreitenden Konzept des *funktionsfähigen* Wettbewerbs.

Das frühe GWB – und ebenso die Wettbewerbspolitik der EWG – waren daher nicht in jeder Hinsicht konsequent: Sie verboten zwar grundsätzlich alle Kartelle, weil diese die Marktfreiheit nach Vorstellung der Theorie des *vollkommenen* Wettbewerbs und der Freiheitsidee des *Antitrust* einschränkten und damit die Verteilungsfunktion des Wettbewerbs verletzten. Andererseits ließen sie Ausnahmen vom Kartellverbot zu, wenn diese wettbewerbsbeschränkenden Verträge nach Meinung des *funktionsfähigen* Wettbewerbs überkompensierende Wohlfahrtsgewinne bewirkten. Das könnte der Fall sein, wenn sich polypolistische Marktstrukturen z. B. durch Spezialisierungsabsprachen stärker in Richtung auf weite Oligopole hinentwickelten, die als leistungsfähiger eingeschätzt wurden.

Dieser Grundgedanke des *funktionsfähigen* Wettbewerbs findet sich auch bei der Behandlung der *Unternehmenskonzentration* wieder. Da Unternehmenszusammenschlüsse auch wohlfahrtssteigernde Wirkungen haben können, sollten die deutschen Unternehmen ebenso groß und stark werden wie die als leistungsfähiger angesehenen amerikanischen und britischen Konzerne. Daher sollte zur Entstehungszeit des deutschen und des EWG-Wettbewerbsrechts die Konzentration weder in Deutschland noch in der Gemeinschaft wettbewerbspolitisch reglementiert werden.

Abkehr vom Vollkommenheitsideal

Die Unsicherheit hinsichtlich der wettbewerbstheoretischen Absicherung der praktischen Politik nahm mit der Zahl der Anwendungsfälle und mit der besseren Kenntnis der Marktgegebenheiten zu. Dabei wuchs die Überzeugung, daß man mit dem Leitbild des *vollkommenen* Wettbewerbs sogar in die Irre ging: "Wissenschaftliche Erkenntnisse, wettbewerbspolitische Erfahrungen und veränderte Wettbewerbsbedingungen bestätigen, daß die atomistische Konkurrenz nicht den Idealfall des Unternehmerwettbewerbs darstellte", hieß es in der Stellungnahme der *Bundesregierung* zum *Kartellbericht* für das Jahr 1966 (Bundestagsdrucksache V/1950 vom 12.7.1967, S. 2).

Gerade die mangelnde Berücksichtigung der dynamischen Aspekte des Wettbewerbs ermunterte in den 60er Jahren *Bundesregierung* und *Kartellamt*, ein sogenanntes *neues Leitbild für die Wettbewerbspolitik* zu entwickeln. In dieses Bemühen stieß Kantzenbachs Version des *funktionsfähigen* Wettbewerbs mit ihrer ausdrücklichen Berücksichtigung dynamischer Aspekte. Diese diente dann als eine der Begründungen für die nachträgliche Einbeziehung der Fusionskontrolle in das GWB (1973). Der Prozeß der Unternehmenskonzentration sollte getreu der Kantzenbachschen Lehre verhindert werden, wenn ein enges Oligopol entsteht oder weiter verfestigt wird (Original-Gesetzestext: "*... wenn eine marktbeherrschende Stellung entsteht*").

Zweifel dahingehend, ob der *funktionsfähige* Wettbewerb als Verbindung von statischer Handlungstheorie mit dynamischen Elementen tatsächlich die endgültige Lehre darstellt, konnten nicht ausgeräumt werden. Insbesondere Riese

(S. 84 ff.) kritisierte, daß das neoklassische Paradigma trotz der Betonung der Dynamik in Wirklichkeit weiter galt, so daß die Wettbewerbstheorie statisch blieb. Als J. M. Clark 1961 die dynamischen Elemente in den Mittelpunkt stellte – die Abfolge von "moves" und "responses" –, hatte er die Statik zwar aufgegeben und den Bogen zur dynamischen Entwicklungstheorie klassischer Prägung geschlagen. Damit konnte er aber wettbewerbspolitisch keine präzisen Handlungsanweisungen mehr geben, unter welchen marktstrukturellen Bedingungen diese "moves" und "responses", also das Auftreten von Pionieren und von Nachahmern, zu erwarten seien.

Unschärfe zwischen Struktur und Ergebnis

Dies wiederum versuchte Kantzenbach zu leisten, indem er als Anweisung für die bestmögliche Erzielung dynamischer Wettbewerbswirkungen forderte, die Marktstrukturen in Richtung auf *weite Oligopole* zu verändern. Das folgt jedoch nur einer gewissen Plausibilität aufgrund der Beziehungen zwischen der Marktform Oligopol und der damit am ehesten zu erwartenden Wettbewerbsintensität. Zwingend ist das alles jedoch nicht. Man kann Dynamik des Wettbewerbs auch in engen Oligopolen oder im Polypol vorfinden, wenn auch vielleicht mit geringerer Wahrscheinlichkeit.

Unverändert bleibt die ausschlaggebende Bedeutung einer Wohlfahrtsnorm. Der *funktionsfähige* Wettbewerb akzeptiert Märkte mit unternehmerischer Macht, weil er davon gute Marktergebnisse erwartet. Wettbewerb ist jedoch nach klassischem Paradigma ein Entdeckungsverfahren in einem dynamischen Prozeß. Wie kann dann vor Ablauf des Wettbewerbsprozesses festgeschrieben werden, daß nur bestimmte Marktformen die Ergebnisse liefern, wenn man vorher doch nicht wissen kann, was künftig auf den Märkten geschehen wird?

Es bleibt also alles recht unbestimmt und zufällig. So wie es John K. Galbraith nicht ohne ironischen Unterton schrieb: "Die offizielle Politik ... geht von denselben Widersprüchen aus wie die Theorie und gelangt auch zu einer ganz ähnlichen Einstellung. Das Monopol ist ungesetzlich. Man betrachtet es mit Mißtrauen. Da es in der Praxis jedoch recht gut funktioniert, unternimmt man nichts dagegen ..." (vgl. Riese, S. 93–93). Es überrascht daher nicht, daß es neuere wettbewerbstheoretische Ansätze gibt, die als Grundlage einer theoretisch besser abgesicherten und damit geeigneteren Wettbewerbspolitik dienen wollen.

4. Neuere Entwicklungen der Wettbewerbstheorie

4.1. Renaissance des klassischen Paradigmas

Die spezifisch im deutschen Sprachraum verbreitete Variante einer Neuorientierung der Wettbewerbstheorie geht insbesondere auf verschiedene Veröffentlichungen Hoppmanns zurück, die dieser auf der Grundlage des *Ordoliberalismus* (Freiburger Schule) und der Lehre F. A. v. Hayeks seit den 60er Jahren verfaßt hatte.

Systemtheorie des Wettbewerbs

Für diese Neuorientierung der Wettbewerbstheorie verwendet Herdzina (1993, S. 117 ff.) die Bezeichnung *Systemtheorie des Wettbewerbs*. Dieser Begriff nimmt auf die von Hoppmann immer wieder herausgestellte Aufgabe des Wettbewerbs als eines Systems sozialer Kontrolle bzw. eines Systems des Schutzes individueller Freiheitsrechte Bezug. Andere Bezeichnungen für diese Theorie, die zunehmend zur herrschenden Wettbewerbstheorie wird, sind "*Konzept der Neuklassik*" (Schmidt 1993, S. 17) bzw. "*freier Wettbewerb mit Bezug auf klassische Grundsätze*" (Bartling, S. 41 ff.).

Für Hoppmann selbst war das Erscheinen von J. M. Clarks Buch "Competition as a Dynamic Process" im Jahr 1961 ein besonderer Meilenstein für die Formulierung der Systemtheorie des Wettbewerbs. Wie oben dargelegt, hatte Clark als Begründer des *funktionsfähigen* Wettbewerbs damit das neoklassische Paradigma des Wettbewerbs endgültig zurückgewiesen; die "Dynamik des Wettbewerbs" führte die Theorie wieder zum klassischen Paradigma zurück.

Wettbewerbsfreiheit

Entsprechend distanzierte sich Hoppmann von der Statik der neoklassischen Entscheidungstheorie. Er wehrte sich dagegen, daß diese zwangsläufig an gegebene Marktstrukturen und Marktformen anknüpfen müsse, und hielt dagegen: "Wenn Wettbewerb als ein nicht-autoritär organisiertes Kontrollsystem angesehen wird, sind es die Fragen der Wettbewerbsfreiheit und der Marktmacht, die an die Marktprozesse herangetragen werden müssen." (Hoppmann 1968, S. 88)

Die Handlungsfreiheit der Marktakteure wird in bester klassisch-liberaler Tradition in den Mittelpunkt gerückt. Es wird herausgestellt, daß die wettbewerbsrelevanten Entschließungs- und Handlungsfreiheiten viele Aspekte aufweisen können, womit man einzelne Freiheiten begrifflich unterscheiden könne – wie z. B. die Freiheit zur Innovation, die Freiheit zur Imitation.

Wettbewerbsfreiheiten können sich ergänzen ("*Verhältnis der Komplementarität*"). Das geschieht, wenn die genutzten Freiheiten von Pionierunternehmen den anderen Unternehmen weite Bereiche eröffnen, Produktvariationen und -ergänzungen zu entwickeln und auf Märkten anzubieten. Es sei nur an die zusätzlichen unternehmerischen Möglichkeiten in Dienstleistungs- und Handelsunternehmen als Folge der Einführung von Personalcomputern erinnert. Hier haben sich im Wettbewerb gänzlich neue Märkte entwickelt.

Wettbewerbsfreiheiten können sich aber auch gegeneinander ersetzen ("*Verhältnis der Substitutionalität*"). Hoppmann erinnerte beispielhaft an die Freiheit zur Innovation im Spannungsverhältnis zur Imitationsfreiheit: "Die Freiheit zur Innovation wird umso geringer, je größer die Freiheit zur Imitation ist und umgekehrt." (1968, S. 90) Will sagen, daß Kosten und Risiko einer Produktinnovation am Markt um so stärker gescheut werden, wenn der Markt keine Zeit mehr einräumt, diese Aufwendungen durch entsprechende Erhöhung der Preise hereinzuholen. Wenn somit die Imitatoren sofort preissenkend mit ihrem Angebot erscheinen, macht der Innovator hohe Verluste, weil an ihm der Entwicklungsaufwand ohne Erstattung durch den Markt hängen bleibt. *Zu viel Imitationsfreiheit verdrängt die Innovationsfreiheit.*

Was folgt aus diesen Beobachtungen? Es gelte, eine optimale Mischung bzw. Kombination (Hoppmann) der einzelnen Freiheiten zu erreichen. Mit anderen Worten, welche Art von Marktprozessen zeigt dieses Optimum? Wie sollen die Märkte aussehen, die diesem Ziel am nächsten kommen?

In konsequenter Hinwendung zum klassischen Paradigma des Wettbewerbs stellt Hoppmann fest, daß eine eindeutige Beantwortung dieser Frage jedoch nicht möglich sei. Mit v. Hayek betont er, daß Wettbewerb ein Informations-, Such- und Lernprozeß sei; Freiheit habe Ungewißheit zur Voraussetzung; Marktprozesse seien als historische Abläufe in Richtung auf die Zukunft offen. Wenn auch kein Optimum von Freiheiten im Laufe eines Wettbewerbsprozesses exakt bestimmt werden könne, dann ist nach Überzeugung der Systemtheorie zumindest die folgende Aussage möglich: Unbeschränkter Wettbewerb sei anzustreben, der sich dadurch auszeichne, daß "die einzelnen Freiheitsdimensionen keine extreme Einschränkung erfahren." (1968, S. 91) Das läßt sich jedoch durch keine gegebene Marktform beschreiben; in jeder denkbaren Marktform seien Freiheitsrechte möglich, andererseits auch beschränkbar.

Verhinderung von Beschränkungen

Damit wird die Systemtheorie des Wettbewerbs zu einer Theorie der Wettbewerbsbeschränkungen. Sie kann ermitteln, auf welch vielfältige Weise die Wettbewerbsfreiheit von Marktteilnehmern beschränkt werden kann. Sie kann dementsprechend die Folgen der verschiedenartigen Wettbewerbsbeschränkungen analysieren und darauf aufbauend ein wettbewerbspolitisches Regelwerk entwikkeln, wie Wettbewerbsbeschränkungen beizukommen ist. Denn diese sind grundsätzlich Maßnahmen mit dem Ziel, Entdeckungschancen am Markt zu behindern. Wettbewerbsbeschränkungen lassen sich grundsätzlich unter keinen Umständen damit rechtfertigen, daß von ihnen angeblich Leistungsverbesserungen ausgehen könnten. Damit bezieht die Systemtheorie eine scharfe Angrenzung gegenüber dem *funktionsfähigen* Wettbewerb, der Beschränkungen weniger wichtiger Wettbewerbsparameter zuließ (z. B. Konditionenabsprachen), um den Markteinsatz bedeutsamer Parameter (z. B. Preise und Mengen) wirksamer zu machen.

Ziel der Politik nach klassischem Paradigma ist der Kampf gegen jede Beschränkung der Wettbewerbsfreiheit. Ziel der Politik nach neoklassischem Paradigma war die Konstruktion einer Marktstruktur mit entsprechendem Verhalten, um ein definiertes wohlfahrtsoptimales Marktergebnis zu erzeugen. In dieser Gegenüberstellung werden die paradigmatischen Unterschiede noch einmal deutlich.

Ökonomische Effizienz

Die Frage drängt sich dennoch auf, ob nicht auch die Systemtheorie ein Verständnis davon hat, daß Wettbewerb gute Marktergebnisse bringt – also auch eine Wohlfahrtsnorm zumindest im Hintergrund wirkt. Schließlich hatte Adam Smith selbst vom "Wohlstand der Nationen" geschrieben!

Die Antwort auf diese Frage ist durch die Interpretation der Wettbewerbsdynamik seitens der Klassik vorgezeichnet. Hoppmann selbst widmete sich der Untersuchung der "ökonomischen Effizienz des kompetitiven Systems" (1970, S. 411 ff.). Es seien die Pionier- und Anpassungsleistungen der Unternehmer, welche die positiven wirtschaftlichen Ergebnisse bewirken, die zur allgemeinen Hebung des Wohlstands beitragen: "Wettbewerbsfreiheit und ökonomische Vorteilhaftigkeit sind zwei Aspekte desselben wettbewerblichen Prozesses, sie sind zwei Seiten derselben Medaille. Deshalb kann es keine Alternative, keinen Konflikt und kein Problem der Vorrangigkeit zwischen beiden Zielen geben." (Hoppmann 1968 a, S. 21) Oder: "Wettbewerbsfreiheit hat als Reflex individuelle ökonomische Vorteile zur Folge." (Hoppmann 1967, S. 233)

Die Neuklassik mußte sich mittlerweile auch kritischen Hinweisen stellen; diese sind systematisch u. a. bei Schmidt (1993, S. 17 ff.) ausgeführt. Zu dieser Kritik gehört auch der von Tolksdorf (1969, S. 68) geäußerte Verdacht, die Neuklassik sei im Grunde tautologisch: Sie unterscheide die Wirtschaft nach Bereichen, in denen Wettbewerb möglich ist, und sogenannten *Ausnahmebereichen*, in denen Wettbewerb von vornherein unmöglich sei (die "*natürlichen Monopole*", wie sie auch die Klassik dargestellt hatte).

Damit wird die Behauptung, Wettbewerbsfreiheit und ökonomische Leistung seien zwei Seiten einer Medaille, zumindest problematisch. Die Ausnahmebereiche (Beispiel Elektrizitätsversorgung in einem Gebiet durch ein einziges Kraftwerk) könnten durchaus auch wettbewerblich von vielen Minikraftwerken versorgt werden, nur würden dann zusätzliche Kosten wegen unzureichender Betriebsgrößen und mehrfacher Versorgungsnetze anfallen. Hier wäre das erwartete Marktergebnis in bezug auf die Höhe der Preise bei Wettbewerb schlechter als das bei einem Monopol.

Somit ist die Entscheidung, ob ein Wirtschaftssektor ein Wettbewerbsbereich sein soll, durch eine hypothetische Marktergebnisentscheidung vorab geklärt worden (was die Klassik z. B. bei der neoklassischen Theorie des *funktionsfähigen* Wettbewerbs heftig kritisiert hatte). Erwartet man ein schlechtes Ergebnis, wird die Branche zum Ausnahmebereich erklärt; damit wird dann die Mustervorhersage, wonach freier Wettbewerb gute Marktergebnisse liefert, nicht mehr verletzt.

Keine überzeugende Antwort gibt die *Systemtheorie* in den Fällen, in denen Märkte strukturell so vermachtet sind, daß Wettbewerbsfreiheit faktisch nicht entsteht, z. B. weil ein dauerhaftes Monopol existiert. Eine Wettbewerbspolitik, die Wettbewerbsdynamik wiederherstellen wollte, müßte in die Strukturen dieser Märkte eingreifen. Das jedoch läßt die Systemtheorie des Wettbewerbs ausdrücklich nicht zu.

Es gibt andererseits Märkte, auf denen *ruinöser* Wettbewerb herrscht (vgl. dazu Tolksdorf, 1971). Dieser entsteht auf Märkten, bei denen sich das Angebot wegen bestehender Marktaustrittsschranken auf eine zurückgehende Nachfrage nicht oder nur unzureichend anpassen kann, ohne daß irgendwelche privaten Wettbewerbsbeschränkungen dafür die Ursache sind. Beispiele sind Bereiche der Landwirtschaft, der Montanindustrie, des Einzelhandels. Wenn die Märkte sich selbst überlassen bleiben, werden angesichts des ruinösen Wettbewerbs schlechte Marktergebnisse zu erwarten sein. Unklar ist, wie die *Systemtheorie* damit umgehen will. Sie müßte das Problem an sich leugnen, weil nicht-beschränkter Wettbewerb automatisch gute Marktergebnisse hervorbringen soll. Nach dieser Theorie müßten die sogenannten *Strukturkrisenkartelle* abgelehnt werden, mit denen ein geordneter Abbau von Überkapazitäten erfolgen soll. Denn "geordneter Abbau" bedeutet in der Marktrealität, daß die Unternehmen dieses Marktes meist mit staatlicher Aufsicht und Beteiligung den Wettbewerb untereinander beschränken, um verbindliche Stillegungsquoten zu bestimmen. Mit derartigen Verfahren hatte die *Europäische Gemeinschaft* versucht, Stahlüberkapazitäten abzubauen.

Abschließend bleibt mit Schmidt zu hoffen, daß das allgegenwärtig unterstellte Verhaltensmuster westlicher Industriegesellschaften unverändert fortbesteht – die *Neigung zu Wettbewerb* ("spirit of competition"). Was mag geschehen, wenn sich das in älter werdenden Industrien zur *Neigung nach kollektiver Machtentfaltung* wandelt? Wettbewerbsbeschränkungen wird man nicht nachweisen können, wenn die Unternehmer auf bestimmten Märkten den Wettbewerb aussetzen, indem sie sich ohne äußeren Grund aus freien Stücken (*"bewußtes Parallelverhalten"*) nicht mehr wettbewerblich verhalten. Wer sorgt dann für gute Marktergebnisse?

4.2. Chicago School of Antitrust

Ein fast idealtypischer Paradigmenwechsel erfolgte zu Beginn der 80er Jahre im Bereich der amerikanischen Wettbewerbspolitik, zeitgleich mit der Präsidentschaft Ronald Reagans: Galt die Antitrustpolitik der USA nach Herdzina über Jahrzehnte als die strengste der Welt, so änderte sich das mit der Neufassung der dortigen Fusionsrichtlinien (*Merger Guidelines*) sowie mit der Verordnung über vertikale Beschränkungen erheblich. Damit wurden die Vorstellungen der *Chicago School of Antitrust* weitgehend in praktische Politik umgesetzt.

Im Ergebnis wurde die auf dem Konzept des *funktionsfähigen* Wettbewerbs aufbauende Wettbewerbspolitik radikal abgelöst. Dennoch wurde das klassische Paradigma nicht lupenrein übernommen wurde. Es gab im Gegenteil einige Verbindungen mit neoklassischen Elementen.

Vollkommener Wettbewerb als Maßstab

Wie insbesondere Schmidt herausstellte, rückte als rein ökonomisches Kriterium die *Konsumentenwohlfahrt* in den Mittelpunkt. Deren Maximierung habe sich alles unterzuordnen. Meßlatte der Wohlfahrt war das wieder zum Leben erweckte Marktergebnisideal des *vollkommenen* Wettbewerbs, das wegen seiner "analytischen Klarheit" geschätzt und wie ein unerreichbarer Polarstern der ganzen Politik die Richtung weisen sollte (1993, S. 19 ff., mit weiteren Quellenangaben).

Die praktische Politik war dann allerdings wieder sehr irdisch. Analog zur darwinistischen Artenauslese habe der Wettbewerb ganz wesentlich eine Auslesefunktion auf Märkten; das "Survival of the Fittest" müsse ohne staatlichen Eingriff auch für die Unternehmen gelten. Wer am Markt nicht trickreich besteht, sondern aufgekauft oder verdrängt wird, beweist nur, daß er kein besseres Schicksal verdient.

Das Vertrauen der *Chicago School of Antitrust* auf die langfristige Wirksamkeit des Wettbewerbs ist unbegrenzt. Im Marktgeschehen wird immer wieder versucht, die Allokation der Ressourcen zu optimieren, die Leistungsfähigkeit der Unternehmen zu steigern, indem die Größe des Produktionsapparates, aber auch die internen Leistungsströme, neuen Anforderungen angepaßt werden. Neue Unternehmenseinheiten sollen entstehen, alte und überlebte müssen sich den geänderten Erfordernissen anpassen. Wenn der Markt kleinere und beweglichere Unternehmen braucht, müssen bestehende Großbetriebe aufgespalten und neu zugeordnet werden. Traditionen haben keinen eigenständigen Wert.

Fusionswellen

Die Welle der Großfusionen in den USA in den 80er Jahren wurde von der *Chicago School* wettbewerbstheoretisch begründet und durch Anpassung der vormals sehr strengen Fusionsrichtlinien politisch überhaupt erst ermöglicht. In keinem Jahrzehnt davor wurden auch nur annähernd so viele Riesenunternehmen gekauft, ausgeschlachtet, zergliedert, neu geordnet und anders zusammengesetzt wie in den 80er Jahren. Die Rechtfertigung war im Grundsatz immer die Aussage, daß die Märkte an diesen Stellen nur herauszufinden suchten, welche neuen Strukturen die besseren sind.

Wettbewerbsbeschränkungen durch private Absprachen, also Kartelle und abgestimmtes Verhalten, lehnte die *Chicago School* ab. Das geschah teilweise aus taktischen Gründen, um die Akzeptanz ihrer Lehre in einer vom Freiheitsideal und Kartellverbot geprägten Bevölkerung nicht zu gefährden. Maßgeblich war jedoch der Glaube an die Dynamik der Marktprozesse, die langfristig jedes Kartell aufbrechen würde.

Daß der Staat sich aus der Wirtschaft heraushalten soll, ist ein fundamentales Credo, das alte Klassik und neue *Chicago School* miteinander verbindet. Die von den USA ausgehenden weltweiten *Deregulierungsbemühungen*, mit denen die Kontroll- und Steuerungsrichtlinien des Staates von vielen Branchen genommen werden sollten, sind dessen praktische Auswirkung. Deregulierungen waren sowohl in Deutschland (Kredit- und Versicherungswirtschaft) wie in der *Europäischen Union* (Luftverkehr, Telekommunikation und Verkehrswirtschaft) von erheblicher wirtschaftsstruktureller Wirkung.

Volkswirtschaftliche Schäden

Ganz unumstritten ist die *Chicago School* auch in den USA nicht mehr. Herdzina bezweifelt daher (1993, S. 186), daß sie die Wettbewerbspolitik dauerhaft verändern konnte. Ein wichtiger Kritikpunkt war insbesondere eine Anzahl unkontrollierter Fusionsvorgänge mit unübersehbaren Schäden, zum Teil als Folge krimineller Praktiken: Großunternehmen wurden unter Aufnahme von Schulden in Milliardenhöhe aufgekauft; die Finanzierung erfolgte durch Kreditvergabe seitens der Banken bzw. durch die Ausgabe von häufig wertlosen Wertpapieren ("Junk Bonds"), wobei die Kreditrückzahlung in der Weise erfolgen sollte, daß Teile des aufgekauften Unternehmens herausgelöst und an Dritte verkauft werden. Wenn das nicht gelang, wurden die Gläubiger geschädigt, während die Betreiber der Fusionen die vertraglich zugesicherten Provisionen sicher vereinnahmt hatten.

Es wurde damit immer unklarer, ob dieses "Fusions-Monopoly" tatsächlich die Leistungsfähigkeit der amerikanischen Wirtschaft erhöhte: Der Verdacht war bald nicht mehr von der Hand zu weisen, daß die Zerschlagung funktionierender Unternehmenseinheiten, der Verlust von Arbeitsplätzen, die Schäden durch faule Kredite oder wertlose Wertpapiere die Wirtschaft der USA eher schädigten als förderten. Der von der *Chicago School of Antitrust* gewollte darwinistisch-radikale wettbewerbliche Ausleseprozeß war mit erheblichen gesellschaftlichen Kosten verbunden. Es überrascht daher nicht, daß sich die amerikanische Wettbewerbspolitik von der extremen Anlehnung an diese Lehrmeinung wieder zu lösen beginnt.

Teil II: GRUNDLAGEN DER WETTBEWERBSPOLITIK

5. Wettbewerbstheorien als Grundlage der Politik

Der Sinn aller wettbewerbspolitischen Maßnahmen besteht im Grunde darin, Freiheit und Dynamik des Wettbewerbs zu sichern. Auf dieses übergeordnete Ziel laufen alle unterschiedlichen wettbewerbspolitischen Markteingriffe hinaus, über die später ausführlicher zu berichten sein wird.

Welche Marktgegebenheiten, welche unternehmerischen Verhaltensweisen können geeignet sein, die Dynamik des Wettbewerbs einzuschränken oder gar aufzuheben? Die Antwort auf diese fundamentale Frage geben, wie bereits nachgewiesen, nicht die realen Marktvorgänge in ihren vielfältigen Ausprägungen. Es ist vielmehr die Wettbewerbstheorie, die ein Verständnis darüber vermittelt, worauf die Politik achten muß, will sie den Wettbewerb vor Beschränkungen schützen. Die Probleme beginnen schon damit, daß die Entscheidung, ob eine Handlung am Markt überhaupt als Wettbewerbsbeschränkung zu werten ist, nur auf der Grundlage einer geeigneten Wettbewerbstheorie getroffen werden kann.

Die Antworten der Theorie sind jedoch nicht völlig widerspruchsfrei. Das liegt, wie oben dargelegt, an den sich widersprechenden wettbewerblichen Paradigmen. Eine auf der Grundlage der neoklassischen Entscheidungstheorie aufbauende Wettbewerbspolitik wird daher teilweise andere wettbewerbspolitischen Eingriffe vornehmen als eine Politik, die auf der klassischen Entwicklungstheorie gründet.

Wettbewerbsbeschränkungen in neoklassischer Sicht

Um das deutlich zu machen: Das neoklassische Paradigma, die *Wohlfahrtstheorie* des Wettbewerbs, stellte als Kriterium für die Wirksamkeit des Wettbewerbs ein gutes Marktergebnis in den Mittelpunkt und fragte, ob die Voraussetzungen dafür in Gestalt geeigneter Marktstrukturen und wettbewerblicher Verhaltensweisen gegeben seien. Wettbewerbsbeschränkungen, gegen die politisch angegangen werden müßte, erschienen dann in Form wettbewerbswidriger Strukturen (z. B.

zu wenige Anbieter, zu viele Markteintrittshindernisse) oder wettbewerbsfeind-lichen Marktverhaltens (z. B. Neigung zu Preis-Mengenabsprachen in der unter-suchten Branche). Wettbewerbspolitik müßte hier an den behindernden Struktu-ren und Verhaltensweisen ansetzen.

Wettbewerbsbeschränkungen in klassischer Sicht

Das klassische Paradigma, die *Systemtheorie*, sieht den Wettbewerb als Vorgang einer Marktdynamik, die vorher nicht determiniert ist, also keineswegs maschi-nengleich auf ein vorbestimmtes Ziel hinsteuert. In diesem Entwicklungsprozeß mit vorher unbekanntem Ergebnis wird jedoch die Handlungsfreiheit der Akteure wirksam: In Wahrnehmung ihrer Chancen werden Pionier- und nachahmende Unternehmen tätig, werden Produkte entwickelt, verbessert und kostengünstiger produziert. *Wettbewerbsbeschränkungen wären danach alle Verhaltensweisen, die in diese Handlungsfreiheiten eingreifen und diese behindern.* Die Wett-bewerbspolitik müßte somit darauf achten, ob es staatliche Gesetze (z. B. Produk-tionsverbote), privatwirtschaftliche Regelungen (z. B. Verbot von Wettbewerbs-handlungen durch branchenweit verbindliche Geschäftsbedingungen) oder son-stige unternehmerische Verhaltensweisen (z. B. Druck auf Mitbewerber, die Preise der anderen Anbieter nicht zu unterbieten) gibt, die die Handlungsfreiheit beschränken. Wettbewerbspolitik müßte die Wettbewerbsfreiheit vor allen iden-tifizierbaren Beschränkungen sichern.

Defizite der Theorien

Die Problematik einer rationalen Wettbewerbspolitik liegt daher in den Wider-sprüchen der wettbewerbstheoretischen Fundierung, die ein unterschiedliches Behandlungsprogramm vorschreibt, je nachdem, ob die Politik klassisch oder neoklassisch handelt. Sie liegt weiterhin in den Unzulänglichkeiten der jeweiligen Theorien selbst:

Die *Neoklassik* neigte mit ihrem Erkenntnisschema "Marktstruktur, Marktverhal-ten und Marktergebnis" zur "Anmaßung von Wissen" (v. Hayek) über die künf-tigen Entwicklungen und damit zu Struktur- und Verhaltensinterventionen in die Märkte mit womöglich wettbewerbsfeindlichen, freiheitsbeschränkenden Folgen. Die Abkehr der modernen Wettbewerbstheorie vom neoklassischen Paradigma war von Hoppmann damit begründet worden, daß man auf dessen Grundlage auch eine "Anti-Wettbewerbspolitik" betreiben könne.

Die *klassisch begründete Politik der Wettbewerbsfreiheit* hatte ihrerseits Kritik einzustecken: Woher wisse sie genau, was freiheitsbeschränkend und damit an sich ("per se") zu verbieten sei? Ist zum Beispiel eine *Vertriebsbindung* zwischen Hersteller und Abnehmer – Kneipe darf ihr Faßbier nur von einer Brauerei kaufen – freiheitsbeschränkend oder von beiden Seiten gewollte, erfolgreiche Absatzpolitik, die auch von den Kneipenkunden geschätzt wird?

Mit ihrem Anspruch, Grundlage einer besseren Wettbewerbspolitik zu sein, ist die Systemtheorie allerdings wegen eines anderen Mangels unter Beschuß geraten: Da sie nur am freiheitsbeschränkenden Verhalten ansetzt, kann sie nicht erklären, ob und wie der Wettbewerb durch freiheitsgefährdende Marktstrukturen beschränkt wird, also zum Beispiel durch die Konzentration privater unternehmerischer Macht auf einem Markt. Nach der Systemtheorie ist die Unternehmenskonzentration an sich noch nicht freiheitsbeschränkend. Das wird sie erst dann für die verbleibenden Wettbewerber, wenn der Marktbeherrscher Zwang zu konformem Verhalten ausübt oder aber allein durch seine Größe die anderen zur "freiwilligen" Hinnahme seiner Markt- bzw. Preisführerschaft bewegt.

Dabei ist der erste Fall systemtheoretisch noch die "angenehmere" Wettbewerbsbeschränkung, weil sich hier durch gezielte Behinderungsverbote wettbewerbspolitisch eingreifen ließe. Der zweite Fall ist viel unangenehmer, weil die Reaktion der kleinen Wettbewerber auf die Preiserhöhungen des Marktbeherrschers ("*bewußtes Parallelverhalten*") schlecht zu verbieten ist. Jedes der nachfolgenden Unternehmen kann vortragen, daß es die Preiserhöhung auch aus eigener unternehmerischer Entscheidung vorgenommen hätte.

"Erweiterte" Systemtheorie

In dieser Schwierigkeit stellte Herdzina als ein Vertreter der Systemtheorie dar, daß man einen "erweiterten systemtheoretischen Ansatz" vertreten müsse, um damit die "Frage nach dem Vorliegen wettbewerbs- bzw. freiheitsgefährdender Marktstrukturen" zu beantworten (1993, S. 123 ff.).

Wegen dieser wettbewerbspolitischen Notwendigkeit bringt Herdzina die Systemtheorie des Wettbewerbs in erhebliche konzeptionelle Schwierigkeiten, was einmal mehr demonstriert, daß die *klassische Entwicklungstheorie eben keine Handlungstheorie ist:* Herdzina begründet die Notwendigkeit, Marktstrukturanalysen aufzunehmen, mit "empirischen Erfahrungen", wonach es freiheits- bzw. wettbewerbsgefährdende Marktstrukturen gebe, deren wettbewerbsgefährdender Charakter darin liege, daß sie wettbewerbsbeschränkendes Marktverhalten besonders begünstigen bzw. einem "ansonsten unproblematischen Marktverhalten eine neue Qualität, d. h. einen freiheitsbeschränkenden Effekt verleihen." (S. 126) Da es die Systemtheorie ablehnte, einen kausalen Zusammenhang von Struktur und Wettbewerbsintensität anzunehmen, konnte sie zwangsläufig keine Theorie liefern, die erklärt, wie die verschiedenen Marktstrukturkomponenten auf die Wettbewerbsfreiheit einwirken. Für die Systemtheorie ist es nach Herdzina (S. 126) daher nur "eine Vermutung, daß es wettbewerbsgefährdende Marktstrukturen gibt". Das entspreche auch tatsächlichen Markterfahrungen – erklären könne sie das jedoch nicht.

Weitergehende wettbewerbspolitische Fragen können von der Systemtheorie daher nicht schlüssig beantwortet werden: Soll man in den Prozeß der Unternehmenskonzentration mit seinen strukturverändernden Wirkungen (z. B. durch Fusionskontrollen) eingreifen, wenn man doch bislang einen Zusammenhang von Marktstruktur und Wettbewerbsfreiheit geleugnet hat? Und was sind die "richtigen" Marktstrukturen, die man durch Fusionskontrollen erreichen will?

"Pragmatische" Wettbewerbspolitik

Die Summe der Theoriedefizite am Beginn wettbewerbspolitischer Handlung soll erklären, daß die tatsächliche Wettbewerbspolitik z. B. des Bundeskartellamtes oder der Kommission bzw. der Generaldirektion Wettbewerb der *Europäischen Union* nicht eindeutig einem in sich geschlossenen System von Ursache-Wirkungs-Zusammenhängen folgt. Die Politik übernimmt vielmehr "pragmatisch" Versatzstücke aus einzelnen Theorien, wenn diese eine praktisch überzeugende Grundlage darstellen. Sie handelt gelegentlich – gleichfalls mit dem Begriff "pragmatisch" bezeichnet – ohne wettbewerbstheoretische Begründung, eher nach einem politischen Erfahrungswissen, daß hier eingegriffen werden soll: Dann nämlich, wenn empirische Erfahrungen auf Wettbewerbsgefährdungen hindeuten. Wegen der fehlenden eindeutigen wissenschaftlichen Absicherung wird eine *hinreichende Plausibilität* die Grundlegung praktischer Politik.

Eine solche Politik ist andererseits auch "machbar". Die Formulierung der gesetzlichen, also wettbewerbsrechtlichen Grundlagen, basiert ebenfalls nicht auf einem in sich geschlossenen wettbewerbstheoretischen System. Rechtsnormen wollen gleichfalls mit ausreichender Plausibilität bzw. mit hinreichend abgesicherten Vermutungen gegen wettbewerbsbeschränkendes Verhalten, auch gegen behindernde Strukturen vorgehen. Daher sind die Paragraphen der Gesetze entsprechend auslegungsfähig und -bedürftig, so daß Tür und Tor einer *Politik des Versuchs und Irrtums*, des Lernens an behandelten Einzelfällen, offenstehen. Dabei sind nicht einmal schlechte Ergebnisse erzielt worden.

6. Systematik der Wettbewerbsbeschränkungen

Wettbewerbsbeschränkungen als Herausforderungen an die Wettbewerbspolitik treten nach wettbewerbstheoretischer Analyse und Beachtung von Markterfahrungen prinzipiell aus folgenden Gründen auf:

- wegen wettbewerbsbeschränkenden *Marktverhaltens*,
- wegen wettbewerbsbeschränkender *Marktstrukturen*,
- wegen der Existenz von Märkten, auf denen Wettbewerb wegen der besonderen Produktions- bzw. Distributionsformen (z. B. wegen des Versorgungsleitungsnetzes) ein schlechtes Marktergebnis bringt (*"natürliche Monopole"*). Daher wird der Wettbewerb zugunsten staatlicher *Regulierung* oder privatwirtschaftlicher Lenkung aufgegeben.

6.1. Wettbewerbsbeschränkendes Marktverhalten

Wettbewerbsbeschränkendes Verhalten seinerseits kann mehrere Ursachen haben. Grundsätzlich lassen sich diese wie folgt unterteilen:

- *Kollektives Marktverhalten* von Unternehmen, die den Einsatz ihrer Wettbewerbsmittel ("Aktionsparameter") verabreden, also darauf verzichten, sich selbst mit Preisen, Mengen, Kunden, Qualitäten, Marketingmaßnahmen, Produktionsverfahren usw. Wettbewerb zu liefern. Dieses kollektive Marktverhalten wirkt gegenüber den Mitbewerbern ("horizontal" aus der Sicht des Marktes) oder gegenüber Vorlieferanten bzw. Abnehmern ("vertikal"). Die übliche Bezeichnung für horizontales kollektives Marktverhalten ist *Kartell*.

- Maßnahmen, mit denen Unternehmen Einfluß auf die Geschäftspolitik anderer Unternehmen, meist ihrer Abnehmer oder Lieferanten, ausüben. Hier handelt es sich um sogenannte *Bindungen*.

- Verhaltensweisen, die andere Unternehmen im Geschäftsverkehr schädigen, deren Handlungsfreiheiten einschränken, ihnen aufgezwungen wurden und zudem unangemessen bzw. unbillig sind. Es geht hier um die sogenannten *Behinderungen*. (Herdzina 1993, S. 171) Behinderungen sind sowohl horizontal gegen die Konkurrenz als auch vertikal zu Lasten der vor- bzw. nachgelagerten Wirtschaftsstufen möglich.

Die Schwelle zwischen einer aggressiven, aber hinzunehmenden Wettbewerbshandlung und einer wettbewerbsbeschränkenden Behinderung beginnt mit ihrer *Unbilligkeit*. Denn grundsätzlich wird jede erfolgreiche Wettbewerbshandlung von der Konkurrenz empfunden

- als *Schädigung der eigenen Interessen* durch Absatzrückgang, weil die Kunden das Konkurrenzprodukt vorziehen,
- als *Einschränkung der Handlungsfreiheit* – man muß den Produktverbesserungen des Pionierunternehmers folgen,
- als *aufgezwungen*, weil sich kein Unternehmen die Wettbewerbshandlungen eines Konkurrenten freiwillig wünscht.

Alle marktwirtschaftlich gebotenen Wettbewerbshandlungen werden von der Konkurrenz grundsätzlich als lästig und behindernd wahrgenommen. Zu *Behinderungen* im wettbewerbspolitischen Sinn werden sie erst dann, wenn beispielsweise Preiserhöhungen eines industriellen Lieferanten *unangemessen, willkürlich* bzw. *unbillig* sind. Das könnte der Fall sein, wenn sie nur deshalb durchgesetzt werden, weil die Abnehmer Facheinzelhändler und nicht Discounter sind. Diese *Preisdiskriminierung* ist eine mögliche Erscheinungsform für eine derartige Unangemessenheit. Sie schädigt den Facheinzelhändler auf unfaire Weise im Wettbewerb mit den Discountern.

Die wettbewerbstheoretische Erklärung wettbewerbsbeschränkenden Verhaltens ist zwischen Klassik und Neoklassik wenig kontrovers. Unterschiede bestehen darin, daß die auf der Klassik aufbauende Freiheitssicherungspolitik geneigt ist, beschränkendes Verhalten als solches und ohne Ausnahmen ("per se") in Form eines *allgemeinen Kartell-, Bindungs- und Behinderungsverbots* zu untersagen (*Verbotsprinzip*).

Dagegen soll die Wettbewerbspolitik auf der Grundlage der neoklassischen Wohlfahrtstheorie prüfen, ob nicht bestimmte Formen wettbewerbsbeschränkenden Verhaltens die Wettbewerbsintensität im Einzelfall zu steigern vermögen. Dieser Gedanke ist in der "Gegengift"-These Clarks angelegt. Daher sollten Ausnahmen vom Kartellverbot zugelassen werden; Vertreter des *funktionsfähigen* Wettbewerbs können sich vorstellen, daß z. B. ein wettbewerbsbeschränkendes *Konditionenkartell* den eigentlichen Preiswettbewerb schärfen kann. Diese Politik handelt daher nach dem *Mißbrauchsprinzip*, weil sie nur die mißbräuchlichen Verhaltensweisen untersagt.

Was Behinderungen betrifft, kann weder die klassisch noch die neoklassisch motivierte Wettbewerbspolitik positive Wirkungen erkennen. In diesen Fällen bieten sich je nach Art der Behinderungen allgemeine Verbote oder Mißbrauchskontrollen an.

6.2. Wettbewerbsbeschränkende Marktstrukturen

Wettbewerbsbeschränkende Marktstrukturen sind solche mit hohen Graden von Unternehmenskonzentration. Auf derartigen Märkten ist die Zahl der Unternehmen als selbständige Wettbewerber gering. Entsprechend hoch sind ihre Marktanteile. Es entsteht Marktmacht, also die Fähigkeit dieser einflußreichen Unternehmen, ihre preis- und produktionspolitischen Ziele auch gegen den Widerstand anderer am Markt durchzusetzen. Damit ergeben sich die folgenden Aufgaben für die Wettbewerbspolitik:

– *Kontrolle der mißbräuchlichen Ausnutzung derartiger Marktmacht.* Diese Wettbewerbspolitik ist immer dann angezeigt, wenn die vorhandenen Strukturen weder durch Entflechtung oder durch den Marktzutritt neuer, konkurrierender Unternehmen verändert werden können. Daher kann nur das Verhalten der vorhandenen Marktbeherrscher kontrolliert werden. Eingriffe erfolgen, wenn die marktstarken Unternehmen schwächere Marktteilnehmer behindern bzw. ausbeuten.

– *Eingriffe in die Strukturen mit dem Ziel, wettbewerbsadäquate Marktformen zu erreichen.* Dazu gehört die *Entflechtung* bestehender Konzerne. Beispiel: die durch alliiertes Wettbewerbsrecht nach 1945 erfolgte Entflechtung des IG Farben-Konzerns. Sie greift jedoch bestenfalls in Ausnahmefällen. Dazu gehört aber als bedeutsamere Maßnahme die Kontrolle laufender Konzentrationsvorgänge durch die sogenannte *Fusionskontrolle*. Deren Ziel ist es, von vornherein die Entstehung marktstarker Marktpositionen zu verhindern bzw. zu vermeiden, daß mächtige Unternehmen durch Zukauf von Konkurrenten noch marktstärker werden.

Die wettbewerbstheoretische Fundierung dieser Politik beruht auf der neoklassischen Entscheidungstheorie, wobei der Anspruch der genauen Verhaltensvorhersage ("wenn dieser Konzentrationsgrad, dann jenes Verhaltensmuster") nicht mehr aufrechterhalten wird. Diese Wettbewerbspolitik muß vielfach mit *hypothetischen Marktvergleichen* arbeiten, indem sie die meßbaren Marktergebnisse bei strukturell beschränktem Wettbewerb mit den Ergebnissen vergleicht, die bei funktionsfähigem Wettbewerb zu erwarten wären. Sie arbeitet grundsätzlich auch mit gesetzlich verankerten Vermutungen über das Vorliegen von Marktbeherrschung bei bestimmten Konzentrationsgraden (*Legalvermutungen*), um die Arbeit der Wettbewerbsbehörden zu erleichtern. Diese Vermutungen sind aber typischerweise durch die betroffenen Unternehmen widerlegbar, wobei die Umkehr der Beweislast den Unternehmen die Last aufbürdet, ihre "wettbewerbliche Unschuld" zu beweisen.

Praktisch sind diese neoklassischen Marktergebnishypothesen nicht weit entfernt von den *Mustervorhersagen über Marktergebnisse* (v. Hayek: "pattern predictions"), wie sie auch von der klassisch fundierten *Systemtheorie* vorgenommen werden. Diese hatte ebenfalls ein Verständnis darüber entwickelt, daß positive Marktergebnisse nicht zu erwarten sind, wenn sich der Wettbewerb nicht völlig frei entfalten kann, sondern strukturell behindert wird – was diese Theorie zwar nicht beweisen kann, aber als empirischen Tatbestand (Herdzina) akzeptiert.

6.3. Natürliche Monopole

Fälle von strukturellem Marktversagen bei Wettbewerb liegen in den Fällen vor, die schon die Klassik vor zweihundert Jahren als "*natürliche Monopole*" gekennzeichnet hatte. Es handelt sich dabei grundsätzlich um Märkte, auf denen nur ein einziges Unternehmen auf Dauer erfolgreich anbieten kann.

Der allgemein dafür genannte Fall ist der eines Unternehmens, dessen Produktion genügt, den Markt insgesamt ausreichend zu versorgen. Dabei sollen die erzielbaren Vorteile der Massenproduktion voll ausgeschöpft werden. Angenommen, das Auftreten eines weiteren Unternehmens führe dazu, daß sich die Umsätze zu gleichen Teilen auf die Unternehmen verteilen. Dann reduziert sich die jeweilige Produktion so weit, daß die Stückkosten wegen Unterauslastung der technisch gebotenen Kapazitäten sogar steigen. *Damit führte der Wettbewerb zu höheren Preisen.* Man könnte sich das für die Stromversorgung eines gegebenen Gebietes vorstellen. Würden weitere, unterausgelastete Kraftwerke gebaut werden und ans Netz gehen, dann würden die Strompreise voraussichtlich steigen.

Preissteigerungen als Folge von Wettbewerb sind ebenfalls bei einem von Schmidt herausgestellten Beispiel, der leitungsgebundenen Energie- und Wasserversorgung, zu erwarten, weil "offensichtlich die Verlegung von mehr als einer Leitung je Versorgungsgut teurer als eine einzige Leitung ist." (1993, S. 36)

Denkbar ist, weitere Wirtschaftssektoren als Bereiche mit nur eingeschränkt möglichem Wettbewerb zu bezeichnen. Es sei hier die Versicherungswirtschaft genannt. Wettbewerb zwischen den Anbietern könnte zu Preisdruck führen, der bei einzelnen Versicherern Kostenunterdeckung hervorruft. Würden sich jetzt Risiken häufen, könnten Versicherer zahlungsunfähig werden. Damit müßten plötzlich Privatpersonen ungeahnte Risiken tragen, weil ihre Lebens-, Kranken- oder Haftpflichtversicherungen zusammengebrochen sind. Dem könne man nur durch Wettbewerbsverzicht, also mittels *Prämienabsprachen* mit dem Ziel einer vollen Risikoabdeckung nach Maßgabe gemeinsamer Schadenstabellen, Rechnung tragen.

In gleicher Weise wurde teilweise bei der Betrachtung der Wettbewerbsverhältnisse im Luftverkehr argumentiert: Freier Preiswettbewerb führe hier zum Verfall der Flugpreise; die Anbieter sparten am Service, an Sicherheit und bei neuem Fluggerät, und dennoch würden viele Gesellschaften finanziell scheitern, was wiederum das Verkehrsangebot in immer weniger Händen konzentriere.

Wettbewerbstheoretisch gelten diese Märkte in klassischer Sicht als *Ausnahmebereiche* wegen nicht möglichen Wettbewerbs. Hier müsse der "sichtbare" staatliche oder privatwirtschaftliche Regulierungseingriff die "unsichtbare" Hand des Wettbewerbs ersetzen. Wettbewerbspolitisch werden diese Branchen in vielen nationalen Wettbewerbsordnungen als Ausnahmebereiche behandelt. In ihnen werden nach deutschem Recht privatwirtschaftliche Regulierungen (z. B. Prämienabsprachen, Zinsempfehlungen, Preisfestsetzungen, Kunden- und Gebietsfestlegungen) ermöglicht, wobei eine Mißbrauchsaufsicht des Kartellamtes vorgesehen bleibt.

In ähnlicher Weise suspendiert die *Europäische Union* ihr allgemeines Kartellverbot, indem sie bestimmte Vertragstypen von Unternehmen aus den Ausnahmebereichen mit dem Mittel der "*Gruppenfreistellung*" legalisiert.

Gelegentlich erstaunt das Beharrungsinteresse der Wirtschaft, regulierter Wirtschaftssektor zu bleiben. Politische Rufe nach mehr Wettbewerbsfreiheit werden von den Unternehmern mit Hinweis auf die Unmöglichkeit des Wettbewerbs zurückgewiesen. Der goldene Käfig des wettbewerbsreduzierten Raumes mit staatlicher Aufsicht scheint attraktiver zu sein als die Freiheit, bei der der Wind des Wettbewerbs gelegentlich um die Ohren pfeift. Die Reaktionen der deutschen Versicherungswirtschaft angesichts der von der *Europäischen Union* zum 1. Juli 1994 "erzwungenen" Öffnung für die Versicherungsprodukte aus anderen Mitgliedsstaaten sind ein plastisches Beispiel. Angstmacherei bei den Kunden, um diese gegen preiswertere Policen ausländischer Anbieter zu immunisieren, war die erste Reaktion. Erst später erfolgte das Aufbrechen der Verkrustungen der eigenen Angebotsstrukturen mit der Folge niedrigerer Prämien und höherer Ausschüttungen zugunsten der Versicherten.

In Anbetracht dieser Erfahrungen plädiert Herdzina dafür, "bei der Installierung wettbewerbspolitischer Ausnahmebereiche äußerste Zurückhaltung" zu zeigen (1993, S. 129). Im Zweifel sollte die wettbewerbliche Marktstruktur gelten.

In Abbildung 11 sind die Bereiche der Wettbewerbspolitik zusammengefaßt dargestellt.

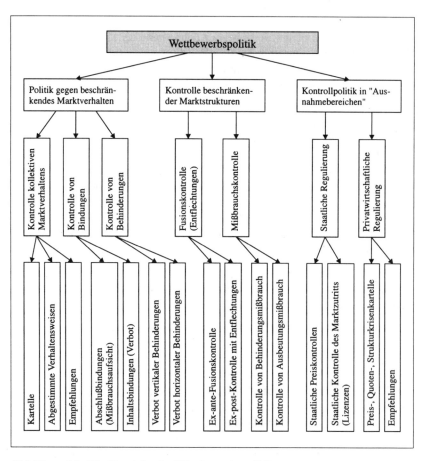

Abbildung 11: Die Bereiche der Wettbewerbspolitik

7. Die Kontrolle von Kartellen

Nach Herdzina umfaßt der Begriff des *kollektiven Marktverhaltens* "alle Formen von Marktverhalten, welche auf Zusammenarbeit (Kooperation) bzw. Zusammenspiel (Kollusion) rechtlich selbständig bleibender Marktteilnehmer der gleichen Wirtschaftsstufe beruhen." (1993, S. 145) Es geht dabei um eine bewußte Abstimmung der Geschäftspolitik von Unternehmen, die damit ihr Marktverhalten in der Zukunft ("ex ante") gleichförmig ausrichten.

Wenn sich alle Unternehmen eines Marktes beteiligen, entsteht eine Marktsituation, in der Marktangebot und Marktpreisforderung trotz formal vieler Anbieter aus der Hand eines Monopolisten kommen. Dieses Monopol wird daher "*Kollektivmonopol*" genannt.

7.1. Wettbewerbsfreiheit und Kartelle

Die Dynamik des Wettbewerbs zwischen den Unternehmen ist damit ausgeschaltet. Wie bei der Darstellung der Verteilungsfunktion des Wettbewerbs gezeigt, sind bei monopolistischem Angebot höhere Preise und damit dauerhaft überhöhte Gewinne des Monopolisten zu erwarten. Diese wiederum sind Folge der Fähigkeit des Anbieters, das Angebot zu Lasten der Verbraucher zu verknappen.

Wettbewerbspolitisch ist daher das in ein kollektives Monopol mündende kollektive Marktverhalten zu bekämpfen, egal, ob zur Sicherung der Wettbewerbsfreiheit oder aus Gründen einer Verbesserung des Marktergebnisses.

Kartellbegriff

Die übliche Bezeichnung für diese Art von Wettbewerbsbeschränkung lautet *Kartell*. "Kartelle werden durch Vertrag mit dem Ziel begründet, *den Wettbewerb zwischen den an ihnen beteiligten Unternehmen zu beschränken.*" (H. Berg) Die Kartellmitglieder verzichten also grundsätzlich freiwillig auf ihre eigenständige wirtschaftliche Handlungsfreiheit. Sie wollen die Ungewißheiten der Koordination der Anbieter über die Märkte eingrenzen, indem sie diese "*durch eine kontrollierbar und kalkulierbar werdende Verhaltensabstimmung durch Vertrag ersetzen.*" (H. Berg 1992, S. 262)

Jede spontan vorgenommene wettbewerbspolitische Bewertung von Kartellen müßte in sofortige Ablehnung münden. Die Wirtschaftsgeschichte hatte jedoch gezeigt, daß man auch zu abweichenden Begründungen gelangen konnte. Bemerkenswerterweise war es das ausgehende 19. Jahrhundert, in dem sowohl in den USA wie im damaligen *Deutschen Reich* Grundsatzentscheidungen getroffen wurden.

In den USA wurde 1890 der *Sherman Antitrust Act* vom Kongreß verabschiedet, der die Freiheit des Wettbewerbs bzw. der Märkte gegen "Verschwörungen" von Unternehmen schützen wollte, den Handel zu beschränken und die Märkte zu monopolisieren. Kartelle wurden damit sogar als kriminelles Unrecht angesehen, also nicht nur als eher milder zu bewertende Ordnungswidrigkeit.

In Deutschland entschied 1897 das *Reichsgericht* in Leipzig über die Klage des Kartells sächsischer Holzstoffabrikanten gegen eines seiner Mitglieder auf Zahlung einer Vertragsstrafe wegen des Verstoßes gegen die kartellvertragliche Vereinbarung, die Ware nur über die gemeinsame Verkaufsstelle des Kartells (*"Syndikat"*) zu vertreiben. Dem Kartellmitglied war vorgeworfen worden, mehrfach direkt an Abnehmer verkauft zu haben (Möschel, S. 5). Über den Einzelfall hinausgehend wurde auch grundsätzlich entschieden, ob Kartelle in Deutschland zulässig seien. Das *Reichsgericht* kam letztlich zu dem Ergebnis, daß in der Abwägung zweier Rechtsgüter – der Freiheit der Abnehmer einerseits und dem Recht der Unternehmen, ihren eingerichteten Gewerbebetrieb erfolgreich zu führen, andererseits – den Unternehmen Recht zu geben sei. Da diese Unternehmen mit dem Rücken an der Wand standen, weil ihr Produkt gegenüber qualitativ hochwertigeren Zellstoffprodukten ins Hintertreffen geraten war, sollten sie gemeinsam Preise und Absatzmengen festlegen dürfen, um sich vor dem Konkurs zu retten. Die Meinung, Kartelle seien "*Kinder der Not*", also eine Art Selbsthilfeversuch von bedrängten Unternehmen, hielt sich lange in der öffentlichen Meinung.

Dabei spielte in Deutschland eine Marktergebniserwartung eine Rolle, die die spätere Theorie des *funktionsfähigen* Wettbewerbs vorwegnahm: "Wenn aufgrund zu niedriger Preise der gedeihliche Betrieb eines Gewerbes unmöglich gemacht werde, so sei die dann eintretende Krise nicht nur dem einzelnen, sondern auch der Volkswirtschaft im allgemeinen verderblich. Vereinbarungen der beteiligten Unternehmer, um die gegenseitigen Preisunterbietungen zu verhindern, erschienen dann nicht nur als berechtigte Betätigung des Selbsterhaltungstriebes, sondern auch als eine dem Interesse der Gesamtheit dienende Maßregel." (Möschel, S. 6)

Diese Argumentationsmuster entsprechen der Begründung für die *Strukturkrisen-kartelle* des geltenden § 4 GWB. Sie erinnern auch an die von der *Europäischen Union* geförderten Selbsthilfemaßnahmen der Stahlindustrie in Form genehmigter Kartelle mit dem Namen *"Eurofer"*, die ebenfalls den gemeinsamen Schutz vor ruinösem Preisverfall neben einem geordneten Kapazitätsabbau zum Inhalt hatten.

Das Ergebnis der damaligen, vielleicht durchaus nachvollziehbaren Entscheidung des *Reichsgerichts* war dennoch, daß in den USA die Wettbewerbsfreiheit, in Deutschland das Recht von Unternehmen, Kartelle zum Ausschluß der Freiheit zu bilden, als das *jeweils höhere Rechtsgut* angesehen wurde. Die Folge war, daß im *Deutschen Reich* daraufhin viele Tausende verschiedenartiger Kartelle entstanden, während in den USA ein strenges Kartellverbot galt. Letzteres konnten die Unternehmen umgehen, indem sie mit rechtlicher Billigung den möglichen Kartellpartner aufkauften und in das eigene Unternehmen integrierten (*Konzern- bzw. Trust-Bildung*). Erst 1914 wurde dem durch ein weiteres Wettbewerbsgesetz (*Clayton Act*) ein gewisser Riegel vorgeschoben.

Politische Wirkungen

Eine besondere politische Dimension der Existenz von Kartellen beruht auf der historischen Erfahrung, daß die Kartelle in Deutschland nach 1933 als Mittel privatwirtschaftlicher Marktlenkung unter staatliche Kontrolle gebracht und als Mittel der Steuerung der nationalsozialistischen Kriegswirtschaft eingesetzt wurden. Für die Alliierten, insbesondere die USA, waren diese Kartelle neben den Großkonzernen Ausdruck der Freiheitsbeseitigung schlechthin, der Vermachtung im Interesse eines undemokratischen Staates. Es herrschte die Überzeugung, daß die Zerstörung der deutschen Demokratie durch die NSDAP ohne die Mitwirkung der kartell- und konzernmäßig verflochtenen autoritären deutschen Unternehmen nicht denkbar gewesen wäre. Daher sollte die wirtschaftliche Freiheit in der sich entwickelnden Marktwirtschaft nach 1945 durch die alliierten Dekartellierungs- und Dekonzentrationsgesetze geschützt werden.

Diese Gesetze sollten so lange angewendet werden, bis ein deutsches Wettbewerbsschutzgesetz "aus demselben Geiste" von der souverän gewordenen *Bundesrepublik* an die Stelle der alliierten Gesetze getreten war. Das geschah 1957 mit der Verabschiedung des *Gesetzes gegen Wettbewerbsbeschränkungen*, GWB, umgangssprachlich als *Kartellgesetz* bezeichnet.

In der *Europäischen Union* war ein allgemeines Verbot von Kartellen Teil der ursprünglichen Römischen Verträge (*Art. 85 EWG-Vertrag*). Das für die Völker

Europas wichtige Einigungswerk sollte nicht von privaten Unternehmen mit dem Mittel wettbewerbsbeschränkender Verträge unterlaufen werden.

7.2. Kartelltypen

Unabhängig von der rechtlichen Bewertung im Einzelfall existieren so viele Kartelltypen, wie es wettbewerbliche Aktionsparameter (Wettbewerbsmittel) gibt, die von Unternehmen auf Märkten verwendet und dementsprechend im Kartell kollektiv eingesetzt werden können. Dazu gehören beispielsweise Preise, Mengen, Liefergebiete, Qualitäten, Werbemittel, Konditionen, Rabatte, Produktionsprogramme, der Umgang mit Importgütern, die Handhabung von strukturellen Absatzkrisen, Kalkulationsschemata, die Verwendung von Normen, usw. Die Kartelle heißen dementsprechend Preiskartelle, Konditionenkartelle usw.

Damit besteht die Möglichkeit, die Kartelle zu ordnen. Ein Ordnungsschema wäre die erwartete Intensität der Wettbewerbsbeschränkungen. Hier könnte man *Kartelle höherer Ordnung* und solche *niederer Ordnung* unterscheiden. Danach wären die gleichmäßige Verwendung von Industrienormen und die branchenweite Angleichung von Vertriebskonditionen, z. B. die Regelung von Zahlungsfristen und Barzahlungspreisnachlässen (Skonti), eine geringfügige Wettbewerbsbeschränkung. Eine schwerwiegendere Beschränkung, damit ein Kartell höherer Ordnung, läge bei weitgehender Monopolisierung der Märkte durch genaue Preis-, Mengen- und Kundenfestlegungen vor.

Abgestimmte Verhaltensweisen

Ein anderes Ordnungskriterium betrifft die Intensität der Bindung zwischen den "kollektiven Monopolisten". Hier ist sicher die *vertragliche Bindung* als die intensivste einzuschätzen. Das gilt um so mehr, wenn Kartellverträge rechtlich zulässig sind und Unternehmen, die ein Kartell verlassen, den verbleibenden Mitgliedern womöglich schadensersatzpflichtig werden.

Ein geringeres Bindungsmaß mit dennoch faktischer Aushebelung des Wettbewerbs stellen die sogenannten *abgestimmten Verhaltensweisen* dar, die umgangssprachlich als *Gentlemen's Agreements* oder als *Frühstückskartelle* bezeichnet werden. Hier besitzt die "moralische" Verpflichtung den anderen gegenüber eine gleichartige Bindungswirkung wie ein Vertrag. Allerdings lassen sich die Folgen von Vertragsverletzungen in keinem förmlichen Verfahren einklagen, so daß

Unternehmen schneller aus diesen abgestimmten Verhaltensweisen wieder herauskommen können.

Preismeldestellen

Kartellförmige Verhaltensabstimmung läßt sich auch im Rahmen von Aussprachen bei Verbandstreffen, durch Informationen über Preise und Auftragslage, durch gemeinsame Einschätzung der Lage der Industrie und dadurch abgeleitetes "vernünftiges" Verhalten erzielen. Es war dabei lange strittig, ob eine Preismeldestelle, die von den Unternehmen einer Branche finanziert wird und der wechselseitigen Information über Preise nach Abfrage dient, als ein Kartellersatz zu betrachten sei.

Die Politik des *Bundeskartellamtes*, derartige Preismeldestellen zu verbieten, hatte zu Auseinandersetzungen mit Verbänden der deutschen Wirtschaft geführt, die betonten, daß Unternehmen detaillierte und zeitnahe Informationen benötigten, um ihre Wettbewerbsstrategien mit Aussicht auf Erfolg planen zu können. Mangel an Informationen könne dazu führen, daß Unternehmen unter zu großer Ungewißheit entscheiden müßten. Die Folge wäre ein Verzicht auf wettbewerbliches Handeln, weil man Angst vor Fehlentscheidungen hätte.

Das Kartellamt wiederum äußerte die Sorge, daß Unternehmen die an sich notwendige Informationsgewinnung instrumentalisierten, um die Voraussetzungen für stillschweigende Vereinbarungen zu schaffen. Sie bräuchten dann allerdings präzise Informationen über das Verhalten ihrer Mitbewerber, um die "Verhaltensdisziplin bei stillschweigenden Wettbewerbsbeschränkungen aufrechtzuerhalten." (*Wissenschaftszentrum*, S. 28) Wettbewerbsbeschränkende Vereinbarungen würden zerbrechen, wenn einzelne Teilnehmer beispielsweise durch verdeckte Preispolitik hinter dem Rücken der anderen Wettbewerbsvorteile anstrebten. Informationssysteme wie Preismeldestellen würden diesen "Geheimwettbewerb" aufdecken und damit verhindern. Die politische Konsequenz wäre, die Marktstrukturkomponente "Markttransparenz", die beim Konzept des *vollkommenen* Wettbewerbs eine zentrale Rolle gespielt hatte, in der Realität durch Informationsunterdrückung abzulösen.

Neuere wettbewerbstheoretische Untersuchungen versuchen, eine genauere Antwort über die tatsächlichen Wettbewerbswirkungen von unternehmerischen Informationssystemen zu geben. Danach besteht eine Tendenz zu kartellersatzähnlichen Wettbewerbsbeschränkungen, wenn einzelne Unternehmen ein *geschlossenes Informationssystem* untereinander vereinbaren, das Aussagen über das zukünftige Wettbewerbsverhalten der Mitglieder der Meldestelle zuläßt. "Informationssysteme mit täglicher on-line-Bereitstellung von Daten" (*Wissenschaftszentrum*, S. 30) über Aufträge, Preise und Mengen der Konkurrenz werden überwiegend Beschränkungen zwischen den Wettbewerbern hervorrufen.

Ein Informationsaustausch, der als "*offenes Informationssystem*" mit freiem Zugang zu den Informationen für alle Interessenten organisiert ist, hat dagegen eher wettbewerbsfördernde Effekte. Das gilt insbesondere, wenn es die Zahlen vergangener Monate bzw. Jahre für einen Gesamtmarkt sind, die abgefragt werden können, um die Marktsituation besser bewerten zu können.

Empfehlungen

Die geringste Bindungswirkung haben öffentliche Anregungen von Unternehmern oder Geschäftsführern von Wirtschaftsverbänden, bestimmte Wettbewerbshandlungen vorzunehmen bzw. zu unterlassen (*Empfehlungen*). Derartige Verlautbarungen können völlig belanglos sein, auf bestimmten Märkten jedoch dazu führen, daß sich alle Unternehmen an diese Empfehlung halten. In letzterem Fall wäre eine Umgehung eines wettbewerbsrechtlich ausgesprochenen Verbotes durch gleichförmiges Verhalten herbeigeführt worden: An Stelle eines (verbotenen) Preiskartells hätten die Unternehmen geschlossen der Verbandsempfehlung Rechnung getragen, die Preise gleichförmig anzuheben.

In der wettbewerblichen Bewertung von Empfehlungen wird man auf die Bedingungen des Einzelfalls abstellen müssen, um herauszufinden, ob tatsächlich eine Umgehung des Kartellverbots vorliegt. Der *Bundesgerichtshof* hatte dazu in einem Grundsatzurteil festgestellt, daß Empfehlungen dann wie ein Kartell zu werten seien, wenn die Empfehlung ganz bewußt das Verhalten von Marktteilnehmern untereinander abstimmt, der Empfehlungsgeber subjektiv diese Koordinierung gewollt hatte und auch tatsächlich Indizien vorliegen, die diesen Verdacht beweiskräftig unterstützen. Die Marktfolge gleichförmigen Verhaltens an sich reicht noch nicht aus, einen Kartellersatz anzunehmen, weil es sich bei diesem um ein zulässiges *bewußtes Parallelverhalten* handeln konnte.

Preisführerschaft

Neben diese das Verhalten *ex ante* regelnden Absprachen gibt es weitere Formen kollektiven Marktverhaltens, die zwar kartellartige Wirkung zeigen, aber dennoch kartellrechtlich nicht angreifbar sind. Es handelt sich um "*ex post*", also nachträglich, getroffene Entscheidungen von Unternehmen, sich einem am Markt vorherrschenden Verhalten aus freien Stücken anzuschließen. Sie werden deshalb *bewußtes Parallelverhalten* ("*conscious parallelism*") genannt. Dabei geht es üblicherweise um Formen der *Markt-* bzw. *Preisführerschaft*; ein Unternehmen erhöht in Ausnutzung einer bestimmten Marktlage die Preise (z. B. Benzinpreiserhöhung vor Ferienbeginn); die anderen Anbieter sehen eine Chance, die eigene Erlöslage zu verbessern und schließen sich an. Wie bei der Beurteilung von Empfehlungen ist anhand der tatsächlichen Beweislage zu prüfen, ob den Mineralölunternehmen eine *Ex-ante-Preisvereinbarung* nachzuweisen ist, oder ob nur eine individuelle *Ex-post-Reaktion* der Mitbewerber vorgelegen hat. Ersteres wäre der Ersatz für ein Preiskartell.

Strategische Allianzen

In der aktuellen Unternehmenspraxis auf Märkten haben sich Kooperationsformen auch zwischen *multinationalen Konzernen* entwickelt, die als *strategische Allianzen* bezeichnet werden. Im englischen Sprachraum ist dafür auch das aus cooperation und competition zusammengesetzte Kunstwort *Coopetition* geprägt worden, für das der Wirtschaftspolitiker Herbert Giersch den Begriff *Koopkurrenz* vorgeschlagen hatte.

Der Zweck strategischer Allianzen ist äußerst vielfältig. "Zum Teil bezwecken sie lediglich den wechselseitigen Informationsaustausch im Bereich komplementärer Technologien; sie können aber auch die gemeinsame Grundsatzforschung zum Gegenstand haben, der Erarbeitung gemeinsamer technologischer Standards dienen oder die gemeinsame Produktentwicklung und Vermarktung verfolgen." (*Bundeskartellamt* 1989/90, S. 30 f.)

Die wettbewerbspolitische Bewertung dieser Formen von Zusammenarbeit zwischen Konkurrenten ist ambivalent. Es ist angesichts der sehr hohen Kosten von Forschung und Entwicklung auf vielen Märkten notwendig, den Erfahrungs- und Informationsaustausch zuzulassen. Damit können die Unternehmen einerseits Kosten und Risiken der Entwicklung und Vermarktung neuer Produkte verringern, was die Wettbewerbsintensität erhöht. Das *Bundeskartellamt* führte als Branchen mit derartigem "Koopkurrenzbedarf" die Informations-, Kommunikations-, Luftfahrt-, Biotechnologie- und Werkstoffindustrie an.

Im Rahmen strategischer Allianzen lassen sich andererseits auch die Wettbewerbsparameter der Kooperationspartner kollektiv einsetzen, obwohl "über deren Einsatz jedes der beteiligten Unternehmen im Wettbewerb autonom entscheiden sollte." (*Bundeskartellamt* 1989/90, S. 31) Als Wettbewerbsbeschränker müssen sich die Allianzen zudem den Vorwurf gefallen lassen, daß sie schlechte Markt-ergebnisse produzierten, also "langfristig der Entwicklung und Verbreitung neuer Technologien entgegenstehen." (*Bundeskartellamt*) Daher setzt das Kartellamt die Mittel des Kartellverbots gegen Allianzen ein, die wettbewerbsbeschränkende Vereinbarungen zwischen aktuellen und potentiellen Wettbewerbern vorsehen. Als in dieser Hinsicht kritische Fälle nannte die Behörde Allianzen in der Auto-mobil-, Chemie- und Elektronikindustrie.

Wenn strategische Allianzen dazu übergehen, Gemeinschaftsunternehmen (*Joint Ventures*) zu gründen und damit den Wettbewerb beschränken, könnte auch eine Fusionskontrolle in Betracht kommen.

Giersch äußerte viel wettbewerbliche Zuversicht bei der Bewertung der Allianzen, die er am Beispiel der gemeinsamen Entwicklung des 256-Megabit-Chips durch drei Weltkonzerne erläuterte. Es sei kein Forschungskartell, weil es um die *Schaffung*, nicht die *Verhinderung* einer Innovation gehe. Mit den Argumenten der *Chicago School of Antitrust* betonte Giersch, "früher oder später" käme selbst ein durch Absprachen behinderter Wettbewerb wieder zum Durchbruch: als Wett-bewerb der Nachahmer und der Lizenznehmer und – unter dem Druck des Außenseiterwettbewerbs – als Konkurrenz unter den Mitgliedern der Forschungs-allianz selbst.

Möglichkeiten der Kartellbildung

Kartelle oder kartellähnliche Absprachen treten unterschiedlich in Erscheinung. Es gibt Märkte, auf denen so gut wie nie Kartellabsprachen stattgefunden haben; auf anderen dagegen kann man fast darauf warten, bis das nächste verbotene Kartell entdeckt und bestraft wird.

Folgt man Berg (1992, S. 265), so sind die *Determinanten der Kartellierbarkeit*, die Möglichkeiten der Kartellbildung also, abhängig von bestimmten marktstruk-turellen Gegebenheiten. So sind Kartelle insbesondere dann zu erwarten, wenn

- die *Zahl der Marktteilnehmer gering* und somit die Chance groß ist, eine Verständigung zu erreichen;
- die *Kostenverläufe ähnlich* sind, weil sich daraus Preisforderungen in gleicher Höhe ableiten lassen;
- die *Marktzutrittsschranken sehr hoch* sind, weil dann keine zusätzlichen Un-ternehmer mit ihren womöglich abweichenden Preisvorstellungen am Markt auftreten;

- die *Produkte homogen* sind, weil für praktisch identische Produkte ebenso unterschiedslose Preise gebildet werden können;
- *Überschußkapazitäten vorhanden* sind, wodurch die von allen Anbietern empfundene Gefahr besteht, daß einzelne Mitbewerber die Produktion ausdehnen und das gemeinsame Preisniveau nach unten drücken.

Gefährdungen der Existenz von Kartellen

Kartelle, zumal solche mit besonderen Erfolgen im Sinne ihrer Mitglieder, unterliegen ständigen Gefährdungen, gegen die sie sich mit den Mitteln des sogenannten "*inneren*" und "*äußeren*" *Kartellzwangs* zu wehren suchen.

Der gegen die Existenz des Kartells wirkende Druck von innen und außen ist unmittelbare Folge des Markterfolges des Kartells. Die kollektive Kontrolle über das Angebot ermöglichte die Erhöhung der Preise auf das Kartellpreisniveau. Aus Sicht der Kartellmitglieder war das Folge der eigenen Disziplin, die Produktion zu drosseln und einen mengenmäßigen Absatzrückgang hinzunehmen, wobei sie durch die kollektiven Monopolpreise entschädigt wurden. Aus Sicht Außenstehender hat sich ein Markt mit höheren als üblichen Gewinnen gebildet, so daß ein Anreiz besteht, ebenfalls in diesen Markt einzusteigen.

Die Folge ist, daß Kartellmitglieder geneigt sind, ihren mengenmäßigen Absatz entgegen der Kartellabsprache auszuweiten, indem sie die Preise verdeckt unter dem Kartellniveau halten und auf diese Weise Kunden an sich ziehen (*Geheimwettbewerb*). Dagegen sollen Maßnahmen des *inneren Kartellzwangs* wirken, die insbesondere aus Strafen gegen diese vertragsbrüchigen Unternehmen bestehen. Damit "lohnen" sich Kartellvertragsverstöße nicht mehr, sofern diese aufgedeckt werden können.

Der Druck von außen durch "Newcomer" am Markt soll durch Maßnahmen des *äußeren Kartellzwangs* abgewehrt werden. Hier versucht das Kartell, die neuen Unternehmen von seinen Lieferanten abzuschneiden, indem es die Zulieferer verpflichtet, nur an Kartellmitglieder zu liefern. In gleicher Weise wird mit dem Handel verfahren, der nur Kartellprodukte abnehmen soll.

Beispiel:

Die Politik eines internationalen Rohstoffkartells, der Organization of Petroleum Exporting Countries (OPEC): Die von der OPEC an den Weltmärkten durchgesetzten Preiserhöhungen führten zu Energieeinsparungen und Exploration neuer Ölfelder. Andere Erdölexporteure traten der OPEC nicht bei, sondern orientierten ihre Preise nur am OPEC-Niveau, wobei sie durch gewisse Preisnachlässe einen großen Teil der Nachfrage an sich ziehen konnten. Damit entstand insofern ein "äußerer" Kartellzwang, als der Weltmarktanteil der OPEC drastisch sank, so daß dieses Kartell nicht mehr in der Lage war, seine Preisforderungen durchzusetzen.

Zerfallsdruck kam aber auch aus dem Inneren des Kartells. Gerade die Förderstaaten mit großer Bevölkerung und hohem Investitionsbedarf waren interessiert, die Umsätze zu steigern. Das gelang im wesentlichen nur durch geheimwettbewerbliche Unterbietungen des gemeinsamen Preisniveaus mit Hilfe verdeckter Rabatte. Diese Preisnachlässe erhöhten den Absatz und damit stiegen die Fördermengen. Das so entstandene Mehrangebot führte seinerseits dazu, daß die Kartellpreise abbröckelten.

7.3. Wettbewerbspolitik gegen Kartelle

Betrachtet man die Rechtsordnungen der *Europäischen Union* und Deutschlands, so findet man bei beiden ein strenges Verbot von Kartellen höherer Ordnung. Die EU legte in Art. 85 Abs. 1 EWG-Vertrag fest, daß Kartellverträge *nichtig* sind, also von Anfang an keine Rechtswirkung erlangen, während § 1 des deutschen Kartellgesetzes bestimmt, daß Kartellverträge *unwirksam* sind. Damit sind diese Verträge zwischen Unternehmen durch die übereinstimmenden Willenserklärungen rechtlich gültig; sie entfalten jedoch in bezug auf den wettbewerbsbeschränkenden Teil des Vertragswerks keine Wirksamkeit. Es kann niemand einen Konkurrenten zwingen, die Wettbewerbsbeschränkung auszuführen oder Schadensersatz zu leisten, weil er z. B. die vereinbarten Preiserhöhungen und Produktionseinschränkungen nicht durchgeführt hat.

In ähnlicher Weise hatte in den USA das älteste existierende Wettbewerbsgesetz, der *Sherman Antitrust Act*, alle Beschränkungen des Wettbewerbs zwischen Unternehmen grundsätzlich für rechtswidrig erklärt.

Unwirksamkeit von Kartellen

Das Versagen einer rechtlichen Wirksamkeit ist ein grundlegender Angriff gegen jeden Kartellvertrag. Wie oben dargestellt, unterliegen derartige wettbewerbsbeschränkenden Verträge einem strukturell angelegten Zerfallsdruck, dem die Beteiligten nur durch den nachweisbaren Erfolg der Absprachen entgegenwirken können. Dazu gehören nicht nur die angestrebten Markterfolge, sondern auch die Ausgewogenheit der Erfolgsverteilung zwischen den Kartellmitgliedern.

Vereinbarungen, bei denen einige alle Vorteile der Preissteigerungen und Kapazitätsauslastung haben, während andere Mitglieder unausgelastete Kapazitäten und fallende Marktanteile hinnehmen müssen, führen zu internen Konflikten. Der Kartellzusammenhalt wäre leichter herstellbar, wenn Offenheit zwischen den Beteiligten besteht und eine gleichmäßige Vorteilsverteilung rechtlich erzwungen werden kann. Ist das nicht der Fall, werden die benachteiligten Kartellmitglieder aussteigen. Angesichts der Rechtsunwirksamkeit von Kartellverträgen ist das möglich, denn niemand kann verklagt werden, in dem Kartell zu verbleiben.

Dieser Zerfallsprozeß würde durch eine kartelltypische Verhaltensdynamik noch beschleunigt werden: Die so entstandenen Kartellaußenseiter werden eine Verbesserung ihrer wirtschaftlichen Lage dadurch anstreben, daß sie das erhöhte Kartellpreisniveau unterbieten, um damit Kunden zu gewinnen und zu kostensenkenden Auslastungen ihrer Produktionskapazitäten zu gelangen. Die verbleibenden Mitglieder werden unter großen Druck gesetzt, durch noch stärkere Produktionsdrosselung das Gesamtangebot am Markt so knapp zu halten, daß die Aufrechterhaltung des Kartellpreisniveaus am Markt weiterhin durchgesetzt werden kann. Produktionseinschränkungen führen bei immer mehr Mitgliedern zur Unterauslastung der Produktionsanlagen: Die Stückkosten steigen und die Gewinne sinken. Die ökonomische Vorteilhaftigkeit der Kartellmitgliedschaft geht zurück, weitere Mitglieder verlassen das Kartell, das ihnen keine Vorteile mehr bietet. Die Nachteile für die verbleibenden werden immer größer, so daß über kurz oder lang der Zerfall des Kartells zu erwarten ist.

Rechtliche Sanktionen

"Über kurz oder lang" war den Rechtsordnungen noch nicht genug, weil die Schäden durch Wettbewerbsbeschränkungen in diesen Zeiträumen zu groß sein können. Daher wird die Praktizierung von Kartellverträgen grundsätzlich bestraft. In der EU und Deutschland handelt es sich dabei um mit Bußgeldern zu ahndende Ordnungswidrigkeiten. Der *Sherman Antitrust Act* in den USA sieht in Kartellverstößen auch ein kriminelles Unrecht mit entsprechend möglichen Geld- und Haftstrafen. Voraussetzung ist dabei eine gewisse Spürbarkeit der Beschränkungen auf den Märkten: Diese müssen tatsächlich "geeignet" sein, die Märkte zu beeinflussen.

Fehlender Rechtsschutz von Kartellverträgen und Strafe bei Praktizierung haben dazu geführt, daß es mit der Ausnahme möglicher Legalisierungen keine offenen Kartellverträge in den durch diese Wettbewerbsgesetze geschützten Marktwirtschaften mehr gibt. Wenn derartige Kartelle, also insbesondere Preiskartelle, auftreten, dann handelt es sich um von den Kartellbehörden aufgedeckte illegale Absprachen. Derartige Versuche kommen allerdings immer wieder vor.

Beispiel:

Die Europäische Kommission berichtete Anfang 1994, daß sie gegen 16 führende europäische Stahlunternehmen wegen rechtswidriger Preisabsprachen und Marktaufteilungen bei Stahlträgern insgesamt etwa 200 Mill. DM Bußgelder verhängen mußte. Der Leiter der Generaldirektion Wettbewerb der EU, Karel van Miert, sprach von einem "Lehrstück für eine Kartellbildung; es sei gegen alles verstoßen worden, wogegen überhaupt verstoßen werden könne." (Handelsblatt, 17.2.1994) Aus der Höhe der Bußgelder (British Steel mit dem Löwenanteil von 60 Mill. DM, Preussag mit 18 Mill. DM, Thyssen 12,3 Mill. DM, Saarstahl 8,7 Mill. DM) konnte man entnehmen, wer die Hauptverantwortung dafür hatte, daß die Preise von Stahlträgern kollektiv erhöht und der Wettbewerb ausgeschlossen wurden, indem man durch Marktaufteilungen praktisch Monopolgebiete schuf, in die jeweils nur ein Anbieter lieferte.

Ein anderes Beispiel:

Das Bundeskartellamt teilte mit, daß zwölf Unternehmen des Arzneimittel-Großhandels verabredet hatten, gemeinsam die Rabatte zu senken, die sie den Apotheken einräumten. Dazu vereinbarte man Kundenschutz und Verzicht auf Bemühungen, die Marktanteile zu erhöhen. "Kundenschutz" bedeutete, daß kein Großhändler den Kunden eines anderen Händlers belieferte, so daß die Apotheken nur noch einem pharmazeutischen Großhändler gegenüberstanden, der sich ihnen gegenüber wie ein Monopolist aufführte. Damit hebelte der Großhandel die politischen Bemühungen um Senkung der Arzneimittelpreise aus. Das Bundeskartellamt ahndete diese Absprachen mit Bußgeldern in Höhe von 35 Mill. DM. (1991/92, S. 37).

Die wettbewerbspolitische Behandlung von Kartellersatzformen, wie z. B. abgestimmter Verhaltensweisen oder wettbewerbsbeschränkender Empfehlungen, entspricht den Grundsätzen der Kartellkontrollpolitik (Verbot von Verhaltensabstimmungen, Empfehlungsverbote).

7.4. Ausnahmen vom Kartellverbot

Die wettbewerbliche Begründung für das Verbot von Kartellen höherer Ordnung ist sowohl in klassischer (Freiheitsschutz) als auch in neoklassischer Sicht (Wohlfahrtssicherung) eindeutig. Komplizierter wird es, wenn es um wettbewerbsbeschränkende Absprachen geht, deren Marktergebnis positiv sein können.

Die *Systemtheorie des Wettbewerbs* formulierte als "Aufgabe der Wettbewerbspolitik ..., den wettbewerblichen Prozeß durch allgemeine Regeln gegen Beschränkungen zu sichern. Das geschieht ... lediglich negativ ..., daß Beschränkungen der Wettbewerbsfreiheit anderer verboten sind." (Hoppmann 1970, S. 413) Daraus könnte man ein allgemeines Per-se-Verbot von Kartellabsprachen ableiten. Damit entsteht ein Unterschied zur *Wohlfahrtstheorie*, derzufolge es Wettbewerbsbeschränkungen in Form von Kartellen niederer Ordnung gibt, die "unter bestimmten Umständen auch eine neutrale oder positive Auswirkung auf den Wettbewerb haben." (Schmidt 1993, S. 112)

Positive Kartellwirkungen

Derartige positive Wirkungen könnten entstehen, wenn kleinere und mittlere Unternehmen Normen- oder Typenabsprachen und Rationalisierungskartelle praktizieren. Damit machten sie sich zwar keinen Wettbewerb mehr mit unterschiedlichen Typen und vollen Produktionsprogrammen. Indem sie sich jedoch auf einen bestimmten Satz von Typen und Aufteilungen ihrer Produktionen bei gegenseitiger Belieferung verständigten, könnten sie ihre *Leistungsfähigkeit steigern* und damit großen Konkurrenten auf ihren Märkten wettbewerbsfähiger gegenübertreten.

Die Begründung für eine Wettbewerbspolitik, "nützliche" Beschränkungen des Wettbewerbs zuzulassen, geht auf die Lehre vom *funktionsfähigen* Wettbewerb Clarks und dessen *Gegengift-These* zurück: Wenn die Marktstrukturen nicht so sind, daß vollkommener Wettbewerb herrschen kann, dann muß man die "Unvollkommenheiten" so kombinieren, daß insgesamt effektiver Wettbewerb entsteht. Große und beherrschende Unternehmen am Markt müssen gebändigt werden, indem den kleineren Unternehmen das Recht eingeräumt wird, untereinander den Wettbewerb zu beschränken, um als Kollektiv den Großen gegenüberzutreten.

Bildung von Gegenmacht

Das hat die konkrete Folge, daß Wettbewerbspolitik nicht die Macht der Großen reduziert, sondern den kleineren Anbieter die Möglichkeit einräumt, sich zur Bildung von Gegenmacht ("*countervailing power*" im Sinne von Galbraith) in Kartellen zusammenzuschließen. Eine derartige Politik beruht auf der Machttheorie, die die einseitige Ausstattung mit Macht wettbewerblich für bedenklich ansieht, andererseits jedoch der Auffassung ist, daß Unternehmen mit Machtausstattung durchaus wettbewerblich handeln. Die Unterschiede der Marktmacht dürften nur nicht so groß werden, daß einzelne Unternehmen die Märkte dominieren.

Die Wettbewerbsgesetzgebung der EU, Deutschlands und der USA nimmt diesen Gedanken der neoklassischen Wohlfahrtstheorie auf. Das deutsche *Kartellgesetz* formuliert in den §§ 2–8 GWB Ausnahmen vom allgemeinen Kartellverbot. Der EWG-Vertrag läßt in Art. 85 Abs. 3 diejenigen Kartelle ausdrücklich zu, "*die unter angemessener Beteiligung der Verbraucher an dem entstehenden Gewinn zur Verbesserung der Warenerzeugung oder -verteilung oder zur Förderung des technischen oder wirtschaftlichen Fortschritts beitragen.*" Selbst der strenge *Sherman Antitrust Act* wurde durch richterliche Auslegung in der Weise modifiziert, daß man nur unangemessene bzw. ungebührliche (*unreasonable* bzw. *undue*) Wettbewerbsbeschränkungen verfolgen wolle. Dies läßt den Rückschluß zu, daß vernünftige Beschränkungen erlaubt sind. Das begründet eine wettbewerbspolitische Auslegungsregel, die als "*rule of reason*" bezeichnet wird (Herdzina 1993, S. 184; Schmidt 1993, S. 205) und im Gegensatz zu den Per-se-Verboten steht – für letztere gibt es keine vom Marktergebnis her zu rechtfertigenden Ausnahmen.

Legalisierbare Kartelle

Betrachtet man die Ausnahmen vom allgemeinen Kartellverbot lt. §§ 2–8 GWB, so wird deutlich, daß hier Kartelle niederer Ordnung gemeint sind. Es geht im wesentlichen um Konditionen- und Rabattregelungen, um Spezialisierung und Rationalisierung der Produktion, um Kooperation zwischen Unternehmen und Einkaufsgemeinschaften. Dabei wird vielfach ausdrücklich normiert, daß sich an derartigen Kartellen grundsätzlich nur kleine und mittlere Unternehmen beteiligen dürfen. Es wäre ja eine problematische Umkehrung des Gedankens von der Gegenmachtbildung, auch Großunternehmen in die Spezialisierungsabsprachen ihrer kleinen Konkurrenten einzubeziehen.

Beispiel:
Das Bundeskartellamt berichtete, daß sich mittelständische Möbelhändler zu einer Einkaufsvereinigung "Großeinkauf Europa Möbel GmbH & Co. KG" zusammengeschlossen hätten. Damit vergrößerten diese ihr Einkaufsvolumen und erreichten als stärkere Nachfrager bessere Konditionen bei den Möbelherstellern. Diesem nach § 5c GWB legalisierbaren Kartell wollte ein Tochterunternehmen eines sehr großen Versandhauses beitreten. Hier entschied das Kartellamt, daß im vorliegenden Einzelfall eine Ausnahme vom grundsätzlichen Verbot einer

Mitwirkung großer Unternehmen in den mittelständischen Kooperationskartellen zulässig sei, weil sich damit der Kartellzweck im Interesse auch der kleinen Mitglieder besser erreichen ließe. Zudem kündigte das Kartellamt an, es werde seine Kontrollrechte über dieses Kartell bis hin zum Verbot wahrnehmen, wenn sich am Markt herausstellen sollte, daß dieses Einkaufskartell eine dominierende Stellung gegenüber den Herstellern erlangte. (1991/92, S. 85)

Weitere, praktisch jedoch unbedeutende Kartelltypen der §§ 2–8 GWB sind *Strukturkrisen-, Import-* und *Exportkartelle*, sowie die wettbewerbspolitische Ausnahmenorm des § 8 GWB, der dem *Bundesminister für Wirtschaft* eine Generalermächtigung in die Hand gibt, wettbewerbsbeschränkende Verträge zuzulassen, wenn diese "*aus überwiegenden Gründen der Gesamtwirtschaft und des Gemeinwohls notwendig*" sind.

Die legalisierbaren Kartelltypen lassen sich nach den Bedeutung der zu beschränkenden Wettbewerbsparameter systematisieren. Man spricht daher von

– *Anmeldekartellen* (z. B. *Normen-* und *Typenkartelle*), wenn diese durch reine Anmeldung beim Kartellamt wirksam werden;
– *Widerspruchskartellen* (z. B. *Rabatt-* und *Spezialisierungskartelle*), die dann Wirksamkeit erlangen, wenn das Bundeskartellamt in einer dreimonatigen Prüffrist auf einen Widerspruch gegen das Kartell verzichtet;
– *Erlaubniskartellen* (z. B. gemeinsame Verkaufsstellen – "*Syndikate*" – in *Rationalisierungskartellen*), wenn diese Kartelle erst nach ausdrücklicher Erlaubnis durch das Kartellamt wirksam werden.

Abbildung 12 (s. nächste Seite) enthält eine systematische Darstellung der Legalisierungsverfahren.

"Freistellungen" der EU

Bezogen auf das Wettbewerbsrecht der *Europäischen Union* wird auf die Praxis der Kommission hingewiesen, auf dem Wege einer Verordnung auf Grundlage von Art. 85 Abs. 1 EWG-Vertrag bestimmte Formen wettbewerbsbeschränkender Vereinbarungen zwischen Unternehmen vom allgemeinen Kartellverbot auszunehmen. Diese sogenannten *Freistellungen* können Einzelfälle betreffen; es ist aber in einer Reihe von gleichartigen Marktgegebenheiten auch möglich, ganze Vertragstypen als "*Gruppenfreistellungen*" zu betrachten. Das betrifft beispielsweise Verträge zwischen Unternehmen über die gemeinsame Erarbeitung und Verwertung von Forschungs- und Entwicklungsprojekten oder über die Spezialisierung ihrer Produktionsprogramme.

Legalisierungsverfahren / Ausnahmebegründung	ohne Anmeldung	Anmeldung	Widerspruch	Erlaubnis	
				mit Anspruch	ohne Anspruch
(1) Markttransparenz		Kalkulations- und Leistungsbeschreibungskartelle: § 5 IV Normen- und Typenkartelle: § 5 I	Konditionenkartelle: § 2 Rabattkartelle: § 3		
(2) Rationalisierung		Normen- und Typenkartelle: § 5 I	Spezialisierungskartelle: § 5a Kooperationskartelle: § 5b	Rationalisierungskartelle: § 5 II, III	
(3) Auslandsmärkte		Exportkartelle ohne Inlandsregelung: § 6 I		Exportkartelle mit Inlandsregelung: § 6 II	Importkartelle: § 7
(4) Anpassungsflexibilität, Gemeinwohl					Strukturkrisenkartelle: § 4 Sonderkartelle: § 8
(5) Mittelstandsförderung	Einkaufskartelle: § 5c		Kooperationskartelle: § 5b		

Abbildung 12: Legalisierungsverfahren von Kartellen durch das GWB (Herdzina 1993, S. 157)

Analog zu den Freistellungsregelungen der Ausnahmen vom Kartellverbot durch § 2–8 GWB können die Kartellmitglieder sicher sein, daß bei Vorliegen der Voraussetzungen des Vertragstyps die Zusammenarbeit legal ist. Vielfach wählen Unternehmen daher die zwischen ihnen geltenden Vertragsbestandteile von vornherein so, daß eine Übereinstimmung mit dem Recht der EU gegeben ist.

Probleme können entstehen, wenn eine Freistellung weiterhin eine Wettbewerbsbeschränkung nach nationalem, beispielsweise deutschem Kartellrecht, darstellt. Als Konfliktregel gilt jedoch, daß das *supranationale Recht der EU* den Vorrang hat. Nach dem EWG-Vertrag und einer Freistellungsverordnung erlaubte Kartelle können dann nicht mehr vom *Bundeskartellamt* verboten werden (vgl. Wagner, S. 87).

Problem der "Comfort Letters"

Ungeklärt ist ein Streit, der in Deutschland zwischen Bundeskartellamt und Unternehmen entstanden war, weil unterschiedliche Auffassungen über die Wirksamkeit von wettbewerbspolitischen Stellungnahmen der EG-Kommission existierten. Wenn Unternehmen Maßnahmen planten, die möglicherweise das Wettbewerbsrecht der EU verletzen könnten, wandten sie sich an die Kommission mit der Bitte um eine Einzelfreistellung, die Vorrang vor einer möglichen Verbotsentscheidung des Kartellamts hätte. Da die Kommission wegen der Fülle der Anträge viele Jahre bis zu einer endgültigen Entscheidung über die Feststellung oder Ablehnung einer derartigen Freistellung benötigte, entschloß sie sich zu einer summarischen Vorprüfung: Falls keine offensichtlichen Wettbewerbsbedenken bestanden, teilte sie dieses vorläufige Ergebnis den Unternehmen in Form eines sogenannten *Comfort Letters* mit.

Diese Comfort Letter bleiben unverbindliche Vorentscheidungen der Kommission, die später revidiert werden können. In der Zwischenzeit geben sie den Unternehmen Rechtssicherheit, daß sie sich nach EU-Recht nicht strafbar machen, wenn sie sich so verhalten, wie es die Vorabmitteilung zuläßt.

Das *Bundeskartellamt* sieht darin eine weitgehende Aushebelung des deutschen Wettbewerbsrechts: Unternehmen praktizierten wettbewerbsbeschränkende Verträge auf der Grundlage eines schnell erhaltenen Comfort Letters und behaupteten, daß damit das deutsche Kartellrecht für sie nicht mehr anwendbar sei.

Dieses wettbewerbsrechtliche Problem ist derzeit noch nicht geklärt. Das *Bundeskartellamt* fordert weiterhin eine gültige Einzel- oder Gruppenfreistellung der *Kommission der EG*, bevor die Behörde bereit ist, auf die Einleitung von Verfahren wegen Praktizierung eines unzulässigen Kartellvertrages nach deutschem Recht zu verzichten.

8. Die Kontrolle von Bindungen

Die zweite Fallgruppe wettbewerbsbeschränkenden Marktverhaltens wirkt hauptsächlich in vertikaler Richtung, beeinflußt somit die Wettbewerbsfreiheit der vor- bzw. nachgelagerten Wirtschaftsstufe. Es handelt sich dabei um *Bindungen* genannte Maßnahmen, mit denen "*einzelne Marktteilnehmer auf die Geschäftspolitik anderer Marktteilnehmer Einfluß*" nehmen (Herdzina 1993, S. 161).

In der Systematik des deutschen Kartellgesetzes geht es um die nach den Kartellverträgen behandelten "sonstigen Verträge" der §§ 15–21 GWB, die das Bundeskartellamt in seinen Berichten unter der Überschrift "*Vertikale Wettbewerbsbeschränkungen*" analysiert. Das Wettbewerbsrecht der EU behandelt diese Bindungen in der umfassenden Wettbewerbsschutznorm des Art. 85 EWG-Vertrag.

Das wichtigste Beispiel für Bindungen waren die bis 1973 in Deutschland allgemein verbreiteten "*Preisbindungen der 2. Hand*". Mit ihnen verpflichtete der Hersteller den Handel vertraglich, den von ihm festgelegten Endverbraucherpreis vom Kunden zu fordern. Damit wurde dem Handel eine eigenständige Preispolitik unmöglich gemacht.

8.1. Wettbewerbliche Problematik von Bindungen

Derartige Bindungen waren jedoch auch ein problematisches Mittel des Handels, Preiswettbewerb zwischen den verschiedenen Handelsbetrieben (beispielsweise Facheinzelhandel, Filialbetriebe, Discounter, Warenhäuser) beim Vertrieb von Markenwaren auszuschließen, indem Druck auf die Industrie ausgeübt wurde, einheitliche Endverbraucherpreise mittels Preisbindungen durchzusetzen. Gerade die von der Entwicklung moderner und leistungsstarker Handelsformen überrollten traditionellen Betriebe erhofften sich mit der erzwungenen Preisgleichheit Entlastung vom starken Wettbewerbsdruck.

Die gerade mit Preisbindungen in Zusammenhang gebrachten wettbewerblichen Wirkungen wurden anläßlich der 2. Novelle des GWB Anfang der 70er Jahre ausführlich diskutiert. Durch diese Novelle wandelte sich die bislang geltende Mißbrauchsaufsicht in ein Per-se-Verbot, das derzeit nur bei Verlagserzeugnissen eine Ausnahme macht. Die *wettbewerbsbeschränkenden Wirkungen dieser Bindungen* hatte Schmidt (1993, S. 113) wie folgt zusammengefaßt:

- Der *Preiswettbewerb auf der Handelsstufe* wird in bezug auf die preisgebundenen Güter ausgeschaltet. Er verlagert sich auf Formen des Nicht-Preiswettbewerbs (verstärkte Werbungs- und Serviceaufwendungen), die die Kunden bei freiem Wettbewerb nicht nachgefragt hätten.

- Die durch *Preisbindungsverträge hergestellte Preistransparenz* hatte auch wettbewerbsbeschränkende Wirkungen auf der Herstellerseite. Angesichts offengelegter Preisforderungen ging die Neigung dahin, den Einsatz verbleibender Wettbewerbsparameter (Konditionen-, Rabattwettbewerb) ebenfalls zu beschränken.

Die wettbewerbspolitische Doppelgesichtigkeit dieser Bindungen wurde in den Argumenten der Befürworter deutlich. *Vorteilhafte* Marktergebnisse zeigten Preisbindungen danach

- *für die Hersteller der preisgebundenen Markenwaren.* Mit der Preisfestlegung bleibe die Verantwortung der Produzenten für die Qualität und die Distribution ihrer Waren erhalten. Die Preisbindung verhindere zudem, daß ihre Produkte als Preisbrecher oder als Lockvogelangebot verramscht würden.

- *für die Händler.* Denn diese erhielten mit den großzügig bemessenen Handelsspannen in den festgelegten Endverbraucherpreisen alle tatsächlich durch die Vermarktung des Produkts entstandenen Kosten im Preis erstattet, also auch die Kosten der Kunden- und Warenbetreuung.

- *für die Endverbraucher.* Sie würden bundesweite Gleichheit der Preise schätzen, die ihnen den Suchaufwand ersparte, der mit dem Herausfinden des billigsten Angebots verbunden sei.

- *für die Wettbewerbspolitik.* Sie könnte sich mit der Feststellung beruhigen, daß Preisbindungen nur zulässig seien für Produkte, die mit gleichartigen Waren in Wettbewerb stehen. Daher gilt auch der gebundene Preis letztlich als wettbewerblich kontrolliert, obwohl er deutlich rigider sei als die Preise nicht gebundener Produkte.

Ambivalente Wirkungen

Preisbindungen waren nicht nur in Deutschland, sondern auch in anderen Marktwirtschaften vom Facheinzelhandel gefordert worden, der sich in heftiger Konkurrenz zu den neuauftretenden Großformen des Handels (Filialbetriebe, Discounter, Warenhäuser) sah und die Wettbewerbsgleichheit über den identischen Preis erzwingen wollte. Die Dynamik des Wettbewerbs nahm jedoch auf diese Defensivstrategien wenig Rücksicht. Bei gleichen Preisen, aber niedrigeren Handlungskosten, konnten die leistungsfähigeren Händler überdurchschnittliche Gewinne erzielen, die sie zu besonderen Preissenkungen bei nicht-preisgebundenen Waren einsetzten. Mit diesen konnte der kleine Fachhandel schon gar nicht konkurrieren, so daß seine Verdrängung vom Markt mit dem Mittel der Preisbindung nicht aufzuhalten war.

Diese Darstellung soll exemplarisch die *ambivalente Wirkung von Bindungen* unterstreichen. Sie können einerseits eindeutige und einseitig belastende Beschränkungen der Wettbewerbsfreiheit der Gebundenen sein; dann wirken sie wie *Behinderungen*. Bindungen können andererseits durchaus Mittel einer kontinuierlichen Marktversorgung und erhöhter Markttransparenz sein und damit auf vielen Märkten überhaupt erst für *Wettbewerbshandlungen* sorgen, also wettbewerbsförderlich wirken.

Die wettbewerbspolitische Behandlung von Bindungen folgt daher vielfach neoklassischen Wohlfahrtskalkülen. Die Erwartung guter Marktergebnisse bewegte die Wettbewerbspolitik, Bindungen zuzulassen und gemäß der "rule-of-reason" einer *Mißbrauchsaufsicht* zu unterziehen. Bei Bindungen, die ausschließlich Wettbewerbsbeschränkungen darstellen, wird analog zum allgemeinen Kartellverbot auch mit *Per-se-Verboten* gearbeitet. Per-se-Verbote von Wettbewerbsbeschränkungen wiederum sind vornehmlich politische Mittel einer klassisch orientierten Politik der Wettbewerbsfreiheit.

8.2. Horizontale Bindungen

Diese für Bindungen eher untypischen Fälle betreffen hauptsächlich *Lizenzverträge* zwischen Unternehmen derselben Wirtschaftsstufe. Pionierunternehmen bzw. Innovatoren können nämlich neben der Eigenverwertung ihrer Erfindungen andere Unternehmen berechtigen, ihre Erfindungen zu verwerten.

Lizenzverträge regeln die Ausübung des exklusiven Nutzungsrechts, das der Erfinder bzw. Innovator als Patentinhaber für seine Pionierleistung genießt. Er wird damit vor zu schnellen Imitatoren geschützt und erhält dementsprechend eine Chance, daß der Markt ihm über die erhöhten Preise des zeitlich befristeten Schumpeter-Monopols die verauslagten Entwicklungs- und Risikokosten erstattet, solange er das Produkt ohne Wettbewerber verkaufen kann. Läßt er Wettbewerber als Lizenznehmer an den Markt, so sind deren Lizenzgebühren ebenfalls eine Form der Erstattung seiner Erfindungs-, Entwicklungs- und Vermarktungskosten.

Lizenzverträge binden die Lizenznehmer an den Erfinder, den Lizenzgeber. Sie enthalten Verpflichtungen der Lizenznehmer über die Art der Patentnutzung, bezüglich des Erfahrungsaustauschs mit dem Lizenzgeber, der Unterlassung von Angriffen auf das Schutzrecht u. a.

Derartige Bindungen haben volkswirtschaftliche Vorteile, weil sie im Gegensatz zur Exklusivnutzung des Patents durch einen Unternehmer zur breiteren Versorgung mit dem neuen Produkt führen. Sie fördern gleichfalls die technische Weiterentwicklung, weil Erfahrungen mit der Patentnutzung schneller verbreitet werden. Ein Verbot horizontaler Bindungen auf der Grundlage von Lizenzverträgen würde den Wettbewerb mittelfristig eher behindern als fördern.

Lizenzverträge können allerdings auch so eingesetzt werden, daß das Monopol der Verfügung über ein Produkt auf andere, im Wettbewerb stehende Erzeugnisse *ausgedehnt* wird. Der Lizenzgeber könnte seine Lizenznehmer verpflichten, auch andere, teurere Produkte von ihm und nicht mehr von seinen Konkurrenten zu beziehen. Damit behinderte er seine Mitbewerber auf einem dritten Markt und schädigte seine Lizenznehmer, die andere Produkte teurer als bei freiem Wettbewerb einkaufen müßten. Als wettbewerbspolitische Regel gilt, daß der Inhalt der Lizenzverträge nicht über den Umfang des geschützten Patentrechts hinausgehen darf.

Beispiel:
Ein Lizenzgeber wollte seinen Vertragspartner verpflichten, auf jede Eigenentwicklung im Bereich der Vertragsgegenstände zu verzichten. Das Bundeskartellamt befand, das wäre eine zu starke, durch das Patentrecht nicht mehr gedeckte Bindung des Lizenznehmers. In ihrer Wirkung übertreffen sie sogar die den Lizenznehmern auferlegten Wettbewerbsverbote; denn sie erhöhen deren Abhängigkeit vom Lizenzgeber, weil sie zur Folge haben, daß der Lizenznehmer den Anschluß an die technische Entwicklung verliert und ihm der Übergang zu einem wirtschaftlicheren Herstellungsverfahren erschwert oder unmöglich gemacht wird. (Bundeskartellamt 1987/88, S. 35)

8.3. Vertikale Bindungen

Bindungen können typischerweise in zwei Kategorien geteilt werden: Ein Typus von Bindungen – z. B. Preisbindungen – verpflichtet den Gebundenen, bestimmte Vertragsinhalte (z. B. Preise, Rabatte usw.) zu akzeptieren; diese sogenannten *Inhaltsbindungen* beschränken die Wettbewerbsfreiheit des Partners unmittelbar.

Ein anderer Typus von Bindungen versucht, die Geschäftsbeziehungen von zwei oder mehr Partnern zu regeln, indem diese sich den Vorrang bei allen Austauschbeziehungen einräumen: Wenn ein Liefervertrag abgeschlossen werden soll, dann mit bestimmten Partnern (*"Abschlußbindungen"*).

Beispiel:
Der bereits erwähnte Bierlieferungsvertrag regelt die Bezüge der Gaststätte und die Lieferverpflichtungen der Brauerei, ohne die Preise und Konditionen im einzelnen zu bestimmen. Diese werden fallweise bei Abschluß der Kaufverträge vereinbart.

Inhaltsbindungen

Zu diesen Bindungen zählt Herdzina (1993, S. 162) in Übereinstimmung mit der herrschenden Meinung die folgenden Maßnahmen:

– die mittlerweile generell verbotenen *Preisbindungen der zweiten Hand*; (legale Ausnahme: Preisbindungen für Verlagserzeugnisse – Bücher, Zeitschriften usw.);
– die Verpflichtung des Handels, den Abnehmern bestimmte, vom Lieferanten vorgeschriebene *Konditionen* und *Rabatte* zu gewähren;
– Vorschriften über die Anwendung von *Kalkulationsrichtlinien* mit der Wirkung, daß feste Preisbereiche entstehen, die in der Wirkung Preisbindungen gleichen;
– die sogenannten *Meistbegünstigungsklauseln*, mit denen Preisunterbietungen faktisch unmöglich gemacht werden sollen, weil diese Preisnachlässe sogleich dem Bindenden gewährt werden müssen.

Zusammengefaßt sind Inhaltsbindungen Wettbewerbsbeschränkungen, die unmittelbar in die Preisgestaltungsfreiheit anderer Unternehmen eingreifen. Für diese sind ebenso wenig Rechtfertigungen erkennbar wie für horizontale Preisabsprachen (Preiskartelle). Sie sind daher nach dem GWB per se verboten.

Anwendungsprobleme können sich unter anderem als Folge von Weiterentwicklungen der Informationstechnik ergeben. So war strittig, inwieweit elektronische Datenträger als Verlagserzeugnisse mit Preisbindungsprivileg anzusehen sind. Letzteres wurde in den Fällen bejaht, in denen die Datenträger herkömmliche Druckerzeugnisse ersetzen, aber ebenso per Bildschirm zum Lesen bestimmt sind wie Bücher, und wenn diese Erzeugnisse überwiegend über den traditionellen Buchhandel vertrieben werden. "So kann beispielsweise ein Computerlehrbuch mit einem beigefügten kleinen Demonstrationsprogramm ein Verlagserzeugnis sein, während ein mitgeliefertes Handbuch ein Computerprogramm nicht zum Verlagserzeugnis macht." (Bundeskartellamt 1991/92, S. 40 f.)

Beispiel:

Das Bundeskartellamt verbot einem auf rechtswissenschaftliche Literatur spezialisierten Verlag die Preisbindung von CD-ROM-Erzeugnissen mit juristischen Datensammlungen, weil diese mit ihren Anwendungsmöglichkeiten weit über das für ein Verlagserzeugnis typische Lesen hinausgingen: Sie enthielten vielmehr Such- und Sortierprogramme, Ausdrucke und Übertragungen auf andere Datenträger, wobei mehr als die Hälfte der Speicherkapazitäten auf diese Recherchefunktionen entfielen. Da diese CD-ROM-Erzeugnisse zu einem Drittel über Computergeschäfte vertrieben wurden, war der für Verlagserzeugnisse typische "traditionelle Buchhandel" nicht mehr die fast ausschließliche Distributionslinie. Es kam hinzu, daß der Verlag die Preisbindung einführte, weil das Mittel der unverbindlichen Preisempfehlung versagt hatte: Die Computershops hätten sogleich begonnen, die Verkaufspreise des Buchhandels zu unterbieten, was durch die Preisbindung im Interesse des Buchhandels unterbunden werden sollte. (Handelsblatt, CD-ROM-Produkte sind keine Verlagserzeugnisse, 3./4.6.1994)

Preisempfehlungen

Trotz des Verbots von Preisbindungen ist weiterhin die *Empfehlung von Preisen* zulässig, wenn diese Empfehlung *ausdrücklich als unverbindlich bezeichnet* und kein Druck ausgeübt wird, diese Preise am Markt zu erzwingen. Die Gefahr ist nicht von der Hand zu weisen, daß Unternehmen die ihnen untersagte Preisbindung über den Umweg einer Preisempfehlung wieder zur Geltung bringen wollen. Letzteres ist – ähnlich wie die abgestimmten Verhaltensweisen – um so erfolgreicher, je stärkeres Einvernehmen zwischen Hersteller und Handel herrscht, daß diese Preise erzielt werden müssen, um die Vermarktung komplizierter Produkte zu gewährleisten. So befolgt der Handel die auf die Verpackungen aufgedruckten Preisempfehlungen von Tiefkühlprodukten der Markenwarenhersteller weitestge-

nend; Wettbewerb, wenn überhaupt, findet dann nur noch über die gelegentlich angebotenen Handelsmarken statt.

Bei der Kontrolle der Unverbindlichkeit von Preisempfehlungen gibt es gelegentlich Probleme.

Beispiel:

"Im Berichtszeitraum mußten wiederholt Verfahren und Ermittlungen wegen unzulässiger Druckausübung zur Einhaltung von Preisempfehlungen durchgeführt werden. Das Bundeskartellamt sieht darin Anzeichen für eine Zunahme der Versuche, das Preisbindungsverbot zu umgehen ... Gegen Hitachi und den für den Vertrieb verantwortlichen Geschäftsführer ... wurden Bußgelder in Höhe von 125 000 DM festgesetzt. Hitachi hat gegenüber einer bedeutenden Fachhandelsgruppe fortgesetzt Druck angewendet, um sie zur Einhaltung der Preisempfehlung zu veranlassen. Die eingesetzten Mittel reichten von der Erzwingung von Gegenanzeigen über Lieferstopps bis zu "Rauskaufaktionen" bei den betroffenen Händlern durch Hitachi." (Bundeskartellamt 1991/92, S. 41)

Umgehung des Preisbindungsverbots

Mögliche Umgehungen des Preisbindungsverbots können durch rechtliche Konstruktionen wahrgenommen werden, die den selbständigen Händler zum Handelsmittler im Auftrage des Lieferanten machen. Das ist dann der Fall, wenn das Handelsunternehmen zum Handelsvertreter des Produzenten wird und dessen Preis- und Vertriebsanweisungen erfüllt. Der Handelsvertreter ist zwar – wie der selbständige Händler – ein selbständiger Gewerbetreibender; er unterscheidet sich von Letzterem, daß er die Geschäfte im Namen und für Rechnung eines anderen tätigt, und nicht mehr in eigenem Namen. Wenn die Händler jetzt alle Preisanweisungen des Herstellers befolgen, so daß wie bei Preisbindungen überall dieselben Preise verlangt werden, dann machen sie dies in ihrer gewandelten Eigenschaft als Handelsvertreter.

Das *Bundeskartellamt* hatte diese aus seiner Sicht wettbewerbsbeschränkenden Umstellungen von Vertriebssystemen am Beispiel der Telefunken Fernseh- und Rundfunk GmbH geprüft und angegriffen, war aber im Rechtsstreit vor dem *Bundesgerichtshof* unterlegen. Das Gericht machte deutlich, daß der Hersteller seinem Handelsvertreter gegenüber ein *Preisweisungsrecht* habe. Dieses werde durch das Preisbindungsverbot nicht berührt, weil der Vertreter für das fragliche Produkt kein selbständiger Kaufmann sei, sondern im Auftrag des Herstellers handle.

Eine Umgehung des Preisbindungsverbots liege nicht vor, wenn der Hersteller die typischen Wettbewerbsrisiken selber trägt – so zum Beispiel das Lagerrisiko bis hin zur vollständigen Rücknahme sämtlicher nicht verkaufter Produkte. Daraus läßt sich im Umkehrschluß sagen, daß das Preisbindungsverbot immer dann greift, wenn der Vertreter/Händler mit allen Risiken eines eigenständigen Wettbewerbers auf den Endverbrauchermärkten auftritt: Wer die Risiken letztlich trägt, der soll in seiner Wettbewerbsfreiheit nicht beschränkt werden.

Abschlußbindungen

Die Abschlußbindungen werden im Kartellgesetz unter der nur einen Teil abdeckenden Überschrift *"Aufhebung von Ausschließlichkeitsbindungen"*, § 18 GWB, geregelt. Die Überschrift macht deutlich, daß diese Art von Bindungen wettbewerbspolitisch ambivalent sind: Sie können den Wettbewerb beschränken, andererseits aber eine wettbewerbsstimulierende Wirkung haben. Ein Per-se-Verbot ist daher nicht angezeigt, stattdessen legt die "rule-of-reason" eine Mißbrauchsaufsicht nahe.

Hier wird das abwägende neoklassische Paradigma des Wettbewerbs deutlich, die Entscheidungstheorie also, die die Wohlfahrtswirkungen von Markthandlungen analysiert. Nur wenn Abschlußbindungen die Wettbewerbsdynamik beschränken, wird der vom Kartellgesetz angeführte wettbewerbspolitische Eingriff ("*Aufhebung*") erforderlich. Bindungen, die die Wettbewerbsfreiheit unbillig einengen, gelten als *"Behinderungen"*.

Wettbewerbspolitisch lassen sich vier Bereiche von Abschlußbindungen unterscheiden. Es gibt Bindungen, die einen Vertragsbeteiligten in der Freiheit beschränken,

– die gelieferten Waren nach eigenen Vorstellungen zu verwenden: *Verwendungsbeschränkungen*;
– andere Waren oder Leistungen von Dritten zu beziehen oder an Dritte zu liefern: *Ausschließlichkeitsbindungen*;
– die gelieferten Waren an Abnehmer der eigenen Wahl abzugeben: *Vertriebsbeschränkungen*;
– die Belieferung mit Waren zurückzuweisen, die sachlich oder handelsüblich nicht dazugehören: *Koppelungsverträge*.

Bei allen vier Untergruppen ist offenkundig, daß hier unangemessene Freiheitsbeschränkungen im Spiel sein können, so daß wettbewerbspolitische Behinderungen in der Form unbilliger Bindungen auftreten können.

• Verwendungsbeschränkungen

Bei den Verwendungsbeschränkungen können Wettbewerber behindert werden, wenn beispielsweise ein Hersteller von Kopierern seine Abnehmer verpflichtet, die Geräte nur mit dem von ihm vertriebenen Papier einzusetzen. Andere Papieranbieter können dann nicht mehr konkurrieren, obwohl sie vielleicht für den Gerätebetreiber günstigere Angebote unterbreiten.

Andererseits könnten Hersteller die Marktstellung ihrer Produkte mit der kontinuierlichen Sicherung eines hohen Qualitätsstandards geschaffen haben und diesen Wettbewerbsvorsprung dadurch sichern wollen, daß ihre Produkte nur mit geprüften Ersatzteilen aus eigener Produktion repariert werden dürfen.

Beispiel:
Die Entscheidung des Bundesgerichtshofs "Original-VW-Ersatzteile". Hier hatte der BGH das Interesse des Unternehmens an der Qualitätssicherung als eines wesentlichen Wettbewerbsmittels höher eingeschätzt als die Interessen anderer Unternehmen, ihre (häufig billigeren) Ersatzteile von VW-Vertragswerkstätten verwenden zu lassen. (Bundeskartellamt 1981/82, S. 29 f.; ausführlich dazu Schmidt 1993, S. 249 f.)

• Ausschließlichkeitsbindungen

Ausschließlichkeitsbindungen erschweren den Marktzutritt dritter Anbieter, weil sich die Geschäftspartner eine ausschließliche wechselseitige Belieferung bzw. Abnahme zugesagt haben. Andererseits kann die Ausschließlichkeitsvereinbarung überhaupt erst den Einstieg in fremde Märkte ermöglichen, weil nur sie die wechselseitige Sicherheit gewährt, die häufig die Grundlage für Markterschließungsinvestitionen ist. Sie sind daher nach deutschem Recht grundsätzlich zulässig, während das vom Wortlaut her striktere Wettbewerbsrecht der EU den Weg der "Freistellung" in Einzelfällen wählt.

So ist denkbar, daß ein mittelständisches deutsches Unternehmen seine Produkte auch in Frankreich vermarkten will. Angesichts eher geringer Umsätze auf diesem Markt sucht es einen französischen Händler, der bereit ist, seine Produkte zu vermarkten. Die Voraussetzung für die Aufnahme der Geschäftsbeziehungen wird sein, daß der Händler davor geschützt wird, daß der Lieferant auch andere Handelsunternehmen bedient. In diesem Fall wäre der verbleibende Umsatzanteil so gering, daß die Einlistung des Produkts wirtschaftlich keinen Sinn ergibt. Aber auch der Lieferant will sichergehen, daß der Händler sein Produkt engagiert vertreibt. Dies wiederum ist unwahrscheinlich, wenn er gleichzeitig die Produkte seiner heimischen Konkurrenten mit anbietet. Daher kann die Ausschließlichkeitsbindung die Grundlage dafür werden, daß Handel und Wettbewerb überhaupt zustande kommen.

Die Kommission der EG hat dem Rechnung getragen, indem sie alle derartige Ausschließlichkeitsbindungen von Unternehmen als sogenannte "*Gruppenfreistellung*" dem allgemeinen Bindungsverbot entzogen hat. Einzelfreistellungen sind nicht erforderlich, sofern die Vertragspartner keine Großunternehmen mit Umsätzen von mehr als 100 Mill. ECU im Jahr sind. Dabei kam es dann zu weitgehenden Marktregulierungen mit zumindest zweifelhaften Wettbewerbswirkungen.

Beispiel:
Die Gruppenfreistellungsverordnung der EU, die das selektive und exklusive Vertriebssystem im Automobilhandel ermöglicht, sollte 1994 wegen bevorstehenden Auslaufens der bislang geltenden Befristung um zehn weitere Jahre verlängert werden. Dabei wurden die wettbewerbspolitischen Gegensätze zwischen den fabrikatsgebundenen Betrieben des Zentralverbandes Deutsches Kraftfahrzeuggewerbe einerseits und den allgemeinen Verbraucherverbänden andererseits deutlich: Die Händler forderten die Verlängerung der Vertriebsbindungen, während sich die Verbraucherverbände gegen diese Marktregulierungen aussprachen. Der Handel verlangte von der zu verlängernden Gruppenfreistellungsverordnung der EU generelle Einschränkungen für den Vertrieb einer Zweitmarke, das Verbot eines Direktverkaufs vom Hersteller an den Endverbraucher, lange Fristen für die Kündigung der zwischen Händlern und Autoherstellern bestehenden Verträge, Schadensersatzansprüche zugunsten des Handels sowie die Bekämpfung der sich weiter verbreitenden "Grau-Exporte" von Herstellern an nicht fabrikatsgebundene Händler in anderen EU-Staaten. (Handelsblatt, 26.5.1994)

Ausschließlichkeitsbindungen können somit zunehmend in den Bereich der Behinderungsstrategien eintreten, je marktmächtiger die Partner werden. Diesen Fall hatte das Bundeskartellamt auf dem Markt für Pauschalreisen zu entscheiden: Die branchengrößten Anbieter dieser Reisen, TUI und NUR, hatten etwa 4 200 Reisebüros gebunden, nur jeweils ihre Pauschalreisen (Urlaubsreisen) zu verkaufen; dazu waren die Reisebüros als Handelsvertreter für die Großanbieter tätig. Die Reiseangebote Dritter, z. B. von ITS oder anderer kleinerer regionaler Anbieter, durften in diesen Reisebüros nicht angeboten werden. "Das Interesse der sperrenden Reiseveranstalter ist darauf gerichtet, den Preiswettbewerb mit gesperrten Konkurrenten beim Angebot von Reisen und den Provisionswettbewerb bei der

Nachfrage nach Vermittlungsleistungen der Reisebüros zu beschränken." (*Bundeskartellamt* 1987/88, S. 90)

Nach jahrelangem Rechtsstreit war das *Bundeskartellamt* unterlegen; *Bundesgerichtshof* und *Kammergericht* stellten fest, daß das Interesse des Anbieters TUI an dem Wettbewerbsverbot "seiner" Reisebüros wichtiger sei als das Interesse diese Reisebüros an ungehinderter wettbewerblicher Betätigung; dies folge auch aus dem besonderen Rechtsverhältnis, das ein Handelsvertreter (Reisebüro) gegenüber dem Unternehmen (TUI) habe, für das er Geschäfte vermittle: In dieser Rolle müsse er in erste Linie die Interessen der TUI wahrnehmen. (*Bundeskartellamt* 1991/92, S. 42)

Für die Gerichte war maßgeblich, daß auf dem Markt für Reiseangebote insgesamt ein hinreichender Wettbewerbsdruck vorhanden war. Das unterstreicht, daß wettbewerbspolitische Entscheidungen vielfach Einzelfallentscheidungen unter Würdigung der besonderen Marktgegebenheiten auf dem relevanten Markt sind. Die Abwägung der von der Theorie des *funktionsfähigen* Wettbewerbs vorgestellten möglichen Marktergebniswirkungen unterschiedlicher Marktstrukturen bzw. -verhaltensweisen findet dann konkret über die Beweisführungen von Kartellbehörden und die Gegenstellungnahmen der Betroffenen statt.

Für die Bewertung von Ausschließlichkeitsbindungen ist bemerkenswert, daß die Kommission der EU einen gleichgelagerten Fall ("*Flämische Reisebüros*") in Anwendung von Art. 85 EWG-Vertrag entschieden hatte, daß Reiseveranstalter die Wettbewerbsfreiheit der Reisebüros nicht einschränken dürfen.

• Vertriebsbeschränkungen

Vertriebsbeschränkungen verpflichten die Abnehmer von Gütern, diese nur an bestimmte Kundenkreise (etwa an den Facheinzelhandel, den Endverbraucher direkt) bzw. nur in bestimmten Absatzgebieten (z. B. nur im Ausland) zu verkaufen. "*Vertriebsbindungen wirken wie Ausschließlichkeitsbindungen,* da mit ihnen ein selektives Vertriebssystem zu Lasten der Ausgeschlossenen errichtet wird. Die Ausgeschlossenen werden dadurch vom Markte verdrängt, und Neulingen wird der Marktzugang versperrt." (Herdzina 1993, S. 168 f.)

Andererseits weist Herdzina zur Rechtfertigung dieser Variante einer Abschlußbindung hin, daß Produzenten langlebiger Konsumgüter ein schützenswertes Interesse daran haben können, für Verkauf und Betreuung ihrer Produkte den dafür ausgebildeten und mit Serviceeinrichtungen ausgestatteten Facheinzelhandel vorzusehen. Schlechter Service, unzureichende Reparaturangebote könnten dem Ansehen des Produktes insgesamt schaden, so daß ein allgemeiner Vertrieb auch über Discounter, die allein "box moving" betrieben (Verkauf der originalverpackten Ware ohne jeden Service) das Produktimage nicht fördere und auch die Interessen der Endverbraucher schädigen könnte.

Hinzu kommen Absatzprobleme, wenn der Facheinzelhandel am Vertrieb dieses Produktes nicht mehr interessiert ist, weil er mit den niedrigen Discounterpreisen nicht mithalten kann, sich andererseits weigert, die beim Nichtfachhandel gekauften Produkte zu reparieren. Diese Argumente sprechen dafür, Vertriebsbeschränkungen grundsätzlich zu akzeptieren, sie jedoch wie die anderen Abschlußbindungen einer Mißbrauchskontrolle zu unterwerfen.

- **Koppelungsverträge**

Bei *Koppelungsverträgen* verpflichten sich z. B. Käufer und Mieter von Geräten, sachlich oder handelsüblich nicht zugehörige Güter abzunehmen. Ein wichtiger Fall (1969) war die Koppelungspolitik des Unternehmens Meto, das Monopolist für die Herstellung von Handpreisauszeichnern war; dieses Unternehmen verpflichtete die Abnehmer, ausschließlich die von Meto angebotenen Haftetiketten zu verwenden. Damit wurden Markteintrittsschranken für potentielle Konkurrenten errichtet. Dasselbe galt für die Kopiergeräte der Fa. Xerox, die die Mieter ihrer Kopiergeräte zum ausschließlichen Bezug von Xerox-Kopierpapier verpflichtete.

Eine mögliche Rechtfertigung von Koppelungsgeschäften kann in der technischen Kompatibilität von Hauptgerät und Zubehör bestehen; wenn ein Kopierverfahren besonders beschichtete Papiere verlangt, um angemessen zu funktionieren, dann könnte eine Rechtfertigung dafür bestehen, daß derartige Papierspezialitäten eingesetzt werden.

Mißbräuchliche Marktabschottung wird der Koppelungsvertrag dann, wenn gleichwertige Papiere von dritten Anbietern entwickelt wurden, aber trotzdem nicht verwendet werden dürfen, weil der Gerätebetreiber eine für dieses Gerät vorhandene Monopolstellung auf andere Produkte überträgt und auch bei diesen Preise am Markt durchzusetzen versucht, die über dem Preisniveau bei Wettbewerb liegen.

8.4. Bindungen als Wettbewerbsmittel

Bei der Untersuchung insbesondere von Abschlußbindungen wird ein allgemeineres wettbewerbliches Problem erkennbar: Inwieweit ist nicht nur das Produkt selbst, sondern auch die Organisation der Vertriebswege und der Nachkauf-Betreuung ein Wettbewerbsparameter? Wenn wie beim Original-Ersatzteilvertrieb von VW eine Einheit von Produkt, Ersatzteil und Betreuung sichtbar wird, dann können Bindungen als schützenswerte Wettbewerbsaktionen gegenüber der Marktgegenseite eine Bedeutung erlangen, wie sie sonst Preise, Mengen, Qualitäten als Wettbewerbsmittel haben.

Schmidt stellt in kritischer Prüfung der Wettbewerbspolitik in Deutschland heraus, daß "das Interesse des behindernden Unternehmens i. d. R. als vorrangig gegenüber den Interessen des behinderten Unternehmens angesehen (wird); dem Schutzzweck der entsprechenden GWB-Vorschriften wird damit allerdings nicht Genüge getan." Bei der Interessenabwägung zwischen Hersteller und Händler wird man nie ganz sicher sein können, wie die künftigen wettbewerblichen Folgen aussehen werden. (1993, S. 255) Im Zweifel sollte die Wettbewerbspolitik Partei für die Handlungsfreiheit und gegen wettbewerbsbeschränkende Bindungen ergreifen.

Damit wird eine wettbewerbspolitische Grundregel, die ebenso für das Wettbewerbsrecht der EU wie für das GWB maßgeblich ist, in ihrer Bedeutung verständlich: Bindungen sind noch am ehesten wettbewerbsförderlich und damit Ausdruck wettbewerblichen Verhaltens von Unternehmen am Markt, wenn diese keine überragende Marktstellung haben. Mit anderen Worten, wenn wegen zahlreicher Alternativen ausreichender Wettbewerbsdruck am Markt herrscht.

Ist die Wettbewerbsdynamik jedoch wegen der Herausbildung von Marktmacht als Folge den Konzentrationsprozessen eingeschränkt, so wandelt sich die Bewertung von Bindungen; sie werden mit wachsender Macht zunehmend *zu Behinderungen, d. h. zu Mitteln, um eine marktbeherrschende Stellung mißbräuchlich auszunutzen.*

Die sich in diesem Leitsatz verdichtende Wettbewerbspolitik prägt zunehmend das Handeln der Kommission der EG und überträgt diese Konzeption dementsprechend in alle Mitgliedsstaaten, selbst wenn diese keine entsprechenden nationalen Wettbewerbsregeln kennen.

Ein wichtiges Beispiel für die Wettbewerbspolitik gegenüber Bindungen ist die Mitte 1994 von der Kommission vorbereitete "*Gruppenfreistellungsverordnung (GVO) für Technologietransfer-Vereinbarungen*". Damit will die Kommission die wettbewerbliche Problematik von Lizenz- und Know-how-Vereinbarungen in der EU einheitlich regeln. Da Art. 85 EWG-Vertrag als zentrale wettbewerbsrechtliche Bestimmung der *Europäischen Union* horizontale Bindungen in Form von Lizenz- und Know-how-Nutzungsverträgen nicht gesondert regelt, ist die Kommission der EG ermächtigt bzw. verpflichtet, mit dem Mittel der GVO Bestimmungen zu erlassen, die sinngemäß der Regelung von Lizenzverträgen durch § 18 GWB in Deutschland entsprechen.

Die Kommission machte im Entwurf ihrer Technologietransfer-GVO deutlich, daß Lizenzverträge den Lizenznehmer an die Interessen des Patentinhabers (Lizenzgebers) binden: Er darf beispielsweise das Patent nur auf den vereinbarten räumlich abgegrenzten Märkten benutzen; er muß die Vertragsgebiete anderer Lizenznehmer respektieren, was ihn daran hindert, das Produkt auf diesen Märkten anzubieten; er hat das vom Patentinhaber bestimmte Warenzeichen für die in Lizenz hergestellte Ware zu verwenden; gegebenenfalls ist der Lizenznehmer bei Herstellung des patentierten Produkts mengenmäßig eingeschränkt.

Die Rechte des Lizenzgebers, die Wettbewerbsmöglichkeiten seiner Lizenznehmer einzuschränken, werden jedoch begrenzt, je marktmächtiger der Lizenzgeber ist. Die Kommission der EG hat im Entwurf der GVO (vgl. Handelsblatt, 6.7.1994) daher vorgesehen, daß Grenzen für die uneingeschränkten Lizenzvergaberechte gesetzt werden, wenn

- der Patentinhaber für das patentrechtlich geschützte oder ähnliche Produkte über mehr als 40 Prozent Marktanteil im Gemeinsamen Markt oder in einem wesentlichen Teil desselben verfügt;
- die Vertragspartner auf einem oligopolistischen Markt, auf dem sie mit anderen Unternehmen zusammen mehr als 50 Prozent Marktanteil haben, tätig sind.

Hier wird die *herrschende wettbewerbspolitische Kontrollregel für Bindungen* sichtbar: Je stärker die Marktmacht der an den Bindungen beteiligten Unternehmen ist, desto stärker werden die Kontrollen und desto eher werden sie verpflichtet, auf die Behinderung anderer, meist kleinerer Mitbewerber zu verzichten.

9. Die Kontrolle von Behinderungen

Behinderungen sind grundsätzlich ein Angriff gegen die Dynamik des Wettbewerbs bzw. gegen die Wettbewerbsfreiheit von Marktteilnehmern.

Betrachtet aus Sicht der *Systemtheorie* des Wettbewerbs gibt es keine konzeptionellen Probleme, gegen Behinderungen mit Per-se-Verboten vorzugehen. Sie stören die Offenheit marktwirtschaftlicher Entwicklungsprozesse, greifen unmittelbar in die wettbewerbliche Handlungsfreiheit ein und verletzen damit die mit freien Wettbewerbsprozessen erwarteten guten Marktergebnisse.

Die Theorie des *funktionsfähigen* Wettbewerbs wird Behinderungen gleichfalls nicht als wettbewerbsförderliches Marktverhalten identifizieren. Die Neoklassik muß angesichts ihrer Marktergebnisorientierung prüfen, ob es Handlungen gibt, die zwar von einigen Wettbewerbern als Behinderungen wahrgenommen werden, dennoch aber geeignet sind, die Marktergebnisse zu verbessern.

Symptomatisch für diese Art von Beweisführung ist die ausführliche Gegenüberstellung der positiven wie negativen Wirkungen sogenannter *geschlossener Vertriebssysteme* durch Lieferverweigerung (*Ausschließlichkeitsbindungen*) durch Schmidt (1993, S. 117 f.). Danach ist zumindest denkbar, daß trotz Behinderung einzelner Händler insgesamt ein leistungsfähiges selektives Vertriebssystem mit ausgewählten belieferten Händlern entsteht.

Behinderungen als mißbräuchliches Marktverhalten

Diese Einschätzung der Wettbewerbswirkungen von Behinderungen macht es erforderlich, besondere Sorgfalt auf die Definition von Behinderungen anzuwenden. Nach Schmidt sind es "alle Verhaltensweisen von Einzelunternehmen oder Unternehmensgruppen, die dazu geeignet sind, tatsächliche oder potentielle Mitbewerber (horizontal) sowie Lieferanten und Abnehmer (vertikal) in ihrer formalen Handlungsfreiheit- und/oder materiellen Entschließungsfreiheit in bezug auf einen oder mehrere Aktionsparameter rechtlich oder faktisch zu beschränken (Individualschutz) und/oder die Wirksamkeit des Wettbewerbsmechanismus (Institutionsschutz) zu beeinträchtigen." (1993, S. 115)

Wie oben bei der systematischen Darstellung von wettbewerbsbeschränkenden Maßnahmen dargestellt, muß noch die *Unbilligkeit* bzw. *Unangemessenheit* des Verhaltens hinzukommen, damit man von Behinderungen sprechen kann.

Derselbe Gedanke wird später bei der Analyse des Verhaltens von marktbeherr-schenden Unternehmen wieder auftreten. Hier wird die *"mißbräuchliche Ausnut-zung" der Marktmacht* das wettbewerbspolitische Eingriffskriterium sein. Im Rückschluß kann man sagen, daß ein Marktbeherrscher seine starke Stellung schon gebrauchen darf. Er muß nur auf der Hut sein, daß sich das nicht als "unbilliges", also "mißbräuchliches", Verhalten darstellt.

Die Abwägung, was zwar aggressives, aber dennoch erlaubtes Wettbewerbsver-halten ist, und was die Schwelle zur mißbräuchlichen Behinderung überschritten hat, wird eine Frage der Abwägung und Bewertung konkreten Marktverhaltens sein. Dabei entstehen Schwierigkeiten, die "oftmals einer wettbewerbspolitischen Gratwanderung nahekommen, z. B. bei der Abgrenzung erwünschter und uner-wünschter Preisdifferenzierungen." (Schmidt 1993, S. 115)

Zu den Behinderungen gehören insbesondere

– *Boykotte,*

– *Lieferverweigerungen,*

– *Preisdiskriminierungen,*

– *Ausschließlichkeits- und Koppelungsbindungen,* wobei diese mit horizontaler und vertikaler Blickrichtung weiter differenziert werden können.

9.1. Horizontale Behinderungspraktiken

Horizontale Behinderungsstrategien werden unternommen, um die Mitkonkurren-ten auf derselben Wirtschaftsstufe in ihrem Markterfolg zu beeinträchtigen oder sogar aus dem Markt zu verdrängen. Behinderungen können sich auch "vorsorg-lich" dagegen richten, daß *potentielle Wettbewerber* überhaupt erst auf den Markt kommen.

Behindernde Maßnahmen sind in Anlehnung an Herdzina (1993, S. 172 f.) die folgenden:

– *Kampfpreisunterbietungen,* insbesondere Verkäufe unter Selbstkosten, mit de-nen z. B. ein kleinerer Facheinzelhändler nicht mithalten kann.

– *Eintrittsverhindernde Preise (Limit-Pricing),* mit denen große Unternehmen oder auch Preiskartelle versuchen könnten, das Auftreten von jungen Unterneh-men am Markt zu verhindern. Die Preise werden zumindest vorübergehend so niedrig angesetzt, daß dem "Newcomer" ein kostendeckender Marktzutritt unmöglich gemacht wird.

– *Frachtbasissysteme gegen Kartellaußenseiter.* Hierbei handelt es sich um den Vertrieb transportkostenintensiver Produkte, wobei die Frachtkosten von wenigen zentralen Basispunkten her berechnet werden. Die tatsächlichen (höheren) Kosten entfernterer Lieferorte werden nicht in Rechnung gestellt. Ein Außenseiter, dem nichts übrig bleibt, als seine tatsächlichen Kosten im Preis erstattet zu erhalten, wird dadurch massiv behindert, daß die Kartellmitglieder nur die geringeren frachtbasisbezogenen Transportkosten in Rechnung stellen.

– *Boykottaufrufe.* Sie zielen darauf ab, daß der "Verrufene" seine Kunden verliert oder nicht mehr beliefert wird.

– Gezielter Einsatz von Wettbewerbsmitteln, die nach dem *Gesetz gegen den unlauteren Wettbewerb* (UWG) sittenwidrig sind.

– *Gesamtumsatzrabatte* von Kartellen oder allgemein *Treuerabatte.* Sie bewirken eine Sogwirkung zum rabattstärkeren Anbieter und behindern damit die anderen Konkurrenten wegen der Kundenabwanderung.

– *Inhalts- und Abschlußbindungen*, die behindernd eingesetzt werden können.

9.2. Vertikale Behinderungspraktiken

Vertikal wirkende Behinderungen sind vielfach Ausprägungen von *Partnermacht*: Ein Unternehmen mit abhängigen Zulieferern oder Abnehmern versucht, seine eigene Marktstellung zu verbessern. Das geschieht durch Abwälzung von Marktrisiken auf die Abhängigen bzw. durch das Erzwingen höherer Absatz- oder niedrigerer Einstandspreise sowie besserer Konditionen. Damit führen die Behinderungen zur *Ausbeutung der Abhängigen.* Deren Gewinne fallen, während die Erträge des Behindernden wachsen.

Vertikale Behinderungen sind in Anlehnung an Herdzina (1993, S. 193) folgende:

– *Boykottaufrufe* einer Marktstufe, bei bestimmten vorleistenden Lieferanten der vorgelagerten Stufe nicht mehr einzukaufen;

– zeitweilige *Liefer- oder Bezugsverweigerungen* nebst Androhungen (Individualboykott);

– *Einsatz aller denkbaren unlauteren*, nach dem UWG unzulässigen Wettbewerbshandlungen bis zum Bestechen oder Abwerben von Angestellten des Marktpartners;

– behindernder Einsatz von *Inhalts- und insbesondere Abschlußbindungen*;

– *Diskriminierungen* der Marktpartner durch unterschiedliche Behandlungen gleichartiger Tatbestände.

Die Behinderungen können angesichts der Präsenz von Unternehmen auf vielen Märkten gleichzeitig horizontale und vertikale Wirkungen haben, je nachdem, welcher der zahlreichen Geschäftspartner bzw. Mitbewerber davon betroffen wird. Daher ergeben sich auch Überschneidungen mit den bereits dargestellten Formen kollektiven Marktverhaltens (Kartelle) und der Bindungen: Eine Lieferverweigerung (Behinderung) kann gezieltes Marktverhalten von Mitgliedern eines Kartells sein; indem die Geschäftspartner von Kartellaußenseitern nicht mehr beliefert werden, könnte das Kartell den Außenseiter zwingen, sich der Preispolitik des Kartells zu unterwerfen.

Angesichts des grundlegenden Erfordernisses eines unbilligen, mißbräuchlichen Verhaltens sind viele Maßnahmen erst dann als Behinderung zu werten, wenn sie von einem mächtigen Unternehmen praktiziert werden. Das läßt sich am Beispiel der Preisdiskriminierung erläutern: Angesichts der Freiheit der Preisgestaltung in einer Marktwirtschaft werden von vielen Unternehmen je nach Marktlage und Geschäftspolitik sehr unterschiedliche Preise gefordert. Nicht jeder Marktteilnehmer wird ein gleich niedriges Preisangebot erhalten. Der Einsatz des Preises als Wettbewerbsparameter bereitet keine Probleme, sofern wirksamer Wettbewerb herrscht, weil die Kunden dann Alternativen haben. Wettbewerbspolitisch anders ist die Lage zu werten, wenn Wettbewerbsfreiheit nicht mehr existiert, weil das Angebot in einer Hand liegt. Hier kann sich die bisherige differenzierende Preissetzung zur tatsächlichen Behinderung der Unternehmen wandeln, die von den höheren Preisen konfrontiert werden.

Daher wird noch zu untersuchen sein,

– welche Wettbewerbshandlungen allgemein als unbillig angesehen werden müssen und was diese in jedem Fall als Behinderung erscheinen läßt;
– welche Maßnahmen erst auf vermachteten Märkten als mißbräuchlich zu bewerten wären.

9.3. Allgemeine Behinderungsverbote

Sieht man von den zahlreichen denkbaren Behinderungsmöglichkeiten ab, die marktbeherrschenden Unternehmen offenstehen, so werden unabhängig von der Marktstärke drei Behinderungstatbestände im Kartellgesetz genannt, die generell untersagt sind. Es handelt sich dabei um folgende:

1. Das Verbot, anderen Unternehmen *Nachteile anzudrohen* oder zuzufügen bzw. ihnen Vorteile zu versprechen oder zu gewähren, um sie zu einem kartellrechtlich verbotenen Verhalten zu veranlassen (25 Abs. 2 GWB).

Eingriffe in die Wettbewerbsfreiheit der Adressaten derartiger Androhungen bzw. Verlockungen teilte das *Bundeskartellamt* in seinem Jahresbericht 1991/92 mit. So sind bekanntlich *unverbindliche Preisempfehlungen* trotz eines generellen Preisbindungsverbots zulässig, wenn die Annahme der Empfehlung seitens des Handels ohne Druck seitens des empfehlenden Herstellers erfolgt. Es wäre eine generell unzulässige Behinderung, diese Unverbindlichkeit zu umgehen, indem Drohungen bzw. Belohnungen ausgesprochen werden, um die unverbindliche Preisempfehlung faktisch zu einer verbindlichen Preisbindung zu machen.

Beispiel:
Dem Hersteller von Geräten der Unterhaltungselektronik Hitachi wurde der Vorwurf gemacht (Bundeskartellamt 1991/92, S. 92 f.), seinen Händlern keine Waren mehr geliefert zu haben, als diese die empfohlenen Preise unterboten. Die Geschäftsbeziehungen wurden erst wieder aufgenommen, als sich die Händler bereiterklärt hatten, die empfohlenen Preise wie kartellrechtlich verbotene Preisbindungen zu beachten. Die davon ausgehende Behinderung der Wettbewerbsdynamik beschrieb das Kammergericht in seiner diesbezüglichen Entscheidung wie folgt. "Auch unverbindliche Preisempfehlungen bergen die Gefahr in sich, den Preiswettbewerb zu mindern oder gar zu lähmen. Ein Händler, dessen Preisgestaltung durch Kontrollgänge des Herstellers überwacht und der aufgefordert wird, preisunterbietende Wettbewerber zu melden, wird dadurch psychisch unter Druck gesetzt, die empfohlenen Preise einzuhalten."

2. Das generelle Verbot, "*Kartellzwang*" auszuüben, d. h. einem an sich legalisierbaren Kartell beizutreten, mit einem anderen Unternehmen zu fusionieren oder durch Verhaltensabstimmungen Kartellersatzformen zu praktizieren. Dieses allgemeine Behinderungsverbot hatte in den letzten Jahren keine praktische Bedeutung.

3. Das generelle Verbot, andere Unternehmen zu *Liefersperren oder Bezugssperren* aufzufordern, um die gesperrten Unternehmen "unbillig zu beeinträchtigen" (§ 26 GWB).

Bei dem Verbot dieses Behinderungstatbestandes geht es um ein sehr eingeschränktes *Boykottverbot*. Herdzina äußerte sich kritisch zu den Einschränkungen des Verbots. Insbesondere die Pflicht, die Absicht der unbilligen Beeinträchtigung des Boykottierten durch den "Boykottverrufer" nachweisen zu müssen, bringe die

Wettbewerbspolitik in Schwierigkeiten: "Es ist schwer verständlich, daß den Kartellbehörden eine Motivforschung beim Verrufer zugemutet wird und daß sich ein weiter Auslegungsspielraum für das Finden von zu billigenden Boykottaufrufen eröffnen kann." (1993, S. 176)

Tatsächlich werden jedoch Boykottaufrufe äußerst selten ausgesprochen. Durch deren Veröffentlichung, die allein schon wegen des angestrebten Zieles nötig ist, entsteht eine eindeutige Beweislage, die sich gegen den Boykottierenden wenden kann. Das Risiko, einen unzulässigen Verruf getan zu haben und bußgeldpflichtig zu werden, ist trotz der schwachen Behinderungsverbotsnorm sehr groß. So gab es nach den Berichten des *Bundeskartellamtes* von 1982 bis 1992 nur einen Boykottaufruf, der eine gewisse wettbewerbspolitische Bedeutung erlangt hatte und exemplarisch dargelegt werden soll.

Beispiel:
Beim Boykottverrufer handelte es sich um einen Verlag, der einen Brancheninformationsdienst für Augenoptiker herausgab. In diesem wurden Hersteller von Pflegemitteln für Kontaktlinsen aufgefordert, ein Fachversandunternehmen nicht mehr zu beliefern, weil dieses die Pflegemittel besonders billig an Endverbraucher verkaufte. Dieser Aufforderung wurde Nachdruck verliehen, indem durch den Informationsdienst die Augenoptiker aufgefordert wurden, bei diesen Herstellern massiv eine Änderung der Vertriebspolitik zu fordern, bis zur Drohung, ansonsten nicht mehr bei ihnen einzukaufen.

Der Vollständigkeit halber sei an dieser Stelle an die rechtlichen Bestimmungen des UWG erinnert. Dieses Gesetz will gleichfalls Behinderungspraktiken im Wettbewerbsverhalten kontrollieren, wobei die Zielrichtung die Vermeidung von Einzelmaßnahmen ist, wenn diese die *guten Sitten* verletzen. Es geht dabei beispielsweise um die Regelung eines fairen Verhaltens bei der Werbung und bei Schlußverkäufen sowie ein Verbot von Kreditschädigungen, Abwerbungen und Anschwärzungen. Das unterscheidet die Zielrichtung des UWG von der des Kartellrechts: *Das UWG will rechtswidrig verschärfte Wettbewerbshandlungen und damit Schädigungen von Wettbewerbern verhindern; das GWB dagegen will die Wettbewerbsdynamik vor Behinderungen schützen.*

9.4. Besondere Behinderungsverbote

Die wettbewerbspolitische Aufgabe, den Wettbewerb vor Behinderungen zu
schützen, stellt sich insbesondere dann, wenn marktstrukturelle Gründe darauf
hindeuten, daß mit beschränkendem Marktverhalten zu rechnen ist. Es war ja
insbesondere die Theorie des *funktionsfähigen* Wettbewerbs, die mit der Analyse
der realen Marktstrukturen in ihrer Abweichung von den Idealnormen des *vollkommenen* Wettbewerbs den Blick dafür geschärft hat, daß Behinderungen ur-
sächlich von bestimmten Marktstrukturen abhängen können.

Normadressaten	Angesprochenes Marktverhalten (Kurzform)	GWB-Vorschrift
1. Alle Unternehmen und Vereinigungen von Unternehmen	– Androhung / Zufügung von Nachteilen, Versprechen / Gewähren von Vorteilen, um zu unerlaubten vertraglichen Bindungen zu veranlassen	Verbot: § 25 II
	– Zwang, einem erlaubten Kartell beizutreten, zu fusionieren, zum gleichförmigen Verhalten	Verbot: § 25 III
	– Boykottaufruf	Verbot: § 26 I
2. Marktbeherrschende, marktstarke, preisbindende Unternehmen und Kartelle	Unbillige Behinderung oder unterschiedliche Behandlung (Diskriminierung)	Verbot: § 26 II
3. Marktbeherrschende, marktstarke Unternehmen und Kartelle	Veranlassung zur Gewährung von Vorzugsbedingungen	Verbot: § 26 III
4. Marktbeherrschende Unternehmen	Mißbräuchliche Ausnutzung der marktbeherrschenden Stellung, insbesondere – erhebliche Beeinträchtigung der Wettbewerbsmöglichkeiten anderer Unternehmen – Forderungen ungünstigerer Entgelte oder Konditionen als von gleichartigen Abnehmern	Untersagung des Mißbrauchs: § 22 IV und V
5. Unternehmen mit überlegener Marktmacht	Unbillige Behinderung kleiner und mittlerer Wettbewerber	Verbot: § 26 IV

Abbildung 13: Behinderungspraktiken und ihre wettbewerbspolitische Erfassung
durch das GWB

Es handelt sich dabei grundsätzlich um Strukturelemente, die es einigen Unternehmen ermöglichen, Macht über Wettbewerber ("horizontal") bzw. Lieferanten oder Abnehmer ("vertikal") auszuüben. In diesen Fällen wird dann die "unsichtbare Hand" wettbewerblicher Steuerung im Sinne von A. Smith durch die "sichtbare Hand" der wettbewerbspolitischen Mißbrauchskontrolle ergänzt, vielleicht sogar ersetzt werden müssen.

Wettbewerbsbehindernde Marktstrukturen können vorliegen, wenn das Angebot in den Händen weniger beherrschender Unternehmen liegt (Marktmacht), wenn sich Unternehmen zu Kartellen zusammengeschlossen haben, wenn Unternehmen die Freiheit des Handels im Preiswettbewerb durch Preisbindungen beeinträchtigen, wenn Unternehmen ihre Abnehmer oder Lieferanten in eine Abhängigkeitsposition gebracht haben (*Partnermacht*): In diesen Fällen spricht die Wettbewerbspolitik besondere Behinderungsverbote aus (z. B. Verbot von Preisdiskriminierungen, unbilligen Behinderungen kleinerer Unternehmen, mißbräuchlicher Ausnutzung von Marktmacht). Als allgemeine Regel gilt, daß wettbewerbspolitische Verhaltenseingriffe um so eher stattfinden, je stärker die Handlungsträger über Marktmacht oder gar Marktbeherrschung verfügen.

Diese Aspekte einer Politik der Kontrolle beschränkenden Marktstrukturen werden im folgenden Kapitel näher untersucht. Eine Gesamtschau der Behinderungspraktiken und ihrer wettbewerbspolitischen Behandlung (Abbildung 13) findet sich bei Herdzina (1993, S. 205)

10. Die wettbewerbliche Problematik der Konzentration

10.1. Wettbewerbsgefährdende Marktstrukturen

Es war insbesondere die neoklassische Wettbewerbstheorie, die den Schwerpunkt ihrer Analysen auf die Beziehungen zwischen den Marktstrukturen und dem Marktergebnis gelegt hatte. Dabei war die Theorie einen weiten Weg gegangen:

- Ausgangspunkt war die Marktmechanik im preistheoretischen Modell des *vollkommenen* Wettbewerbs mit der Annahme einer unendlich großen Zahl kleinster, machtloser Mengenanpasser am Markt. Unternehmenskonzentration gab es auf diesen Märkten nicht.

- Es folgte das Modell des *monopolistischen* Wettbewerbs als beachtliche Annäherung an die Realität. Preis- und Wettbewerbstheorie gingen von heterogenen Produkten und der Existenz einer begrenzten Zahl von Anbietern aus. Auch wenn das nur als eine "Marktunvollkommenheit" begriffen worden war, lernte die Wettbewerbstheorie, analytisch mit den Folgen eines "unvollkommenen" Wettbewerbs umzugehen. Die damalige Antwort auf die Herausforderung der nachweisbaren Konzentration war die Aufforderung an die Politik, alle Marktstrukturelemente so weit als möglich dem Ideal des *vollkommenen* Wettbewerbs anzunähern.

- Das Konzept des *Workable Competition* bzw. des *funktionsfähigen* Wettbewerbs brachte dann eine wichtige Differenzierung bei der Behandlung von Marktmacht durch Unternehmenskonzentration. Diese wurde als ein Strukturelement mit möglicher wettbewerbsintensivierender Wirkung angesehen, wenn nur weitere Marktunvollkommenheiten als "Gegengift" hinzukämen. Die Ideen J. A. Schumpeters von der *schöpferischen Zerstörung* durch bahnbrechende Pionierunternehmer wurden akzeptiert. Wettbewerb erschien ohne ein gewisses Maß von Marktmacht unmöglich.

- Die Kantzenbachsche Variante der Funktionsfähigkeit des Wettbewerbs war der Versuch, mit dem "weiten Oligopol" die wettbewerbsoptimale Marktstruktur zu bestimmen. Dieses Konzept sollte ein operationales Angebot für die Wettbewerbspolitik darstellen, in die Marktstrukturen durch Förderung oder

Rückbau von Konzentration einzugreifen. Marktstärke war damit von der Wettbewerbspolitik akzeptiert werden.

Grenzen der Erkenntnisse

Je exakter die neoklassische Wettbewerbstheorie die wettbewerblichen Auswirkungen bestimmter Marktstrukturen – hauptsächlich verschiedener Grade von Unternehmenskonzentration – glaubte bestimmen zu können, desto heftiger wurden die Angriffe von den Systemtheoretikern, die das klassische Wettbewerbsparadigma der Entwicklungstheorie vertraten: Die Kritik gipfelte in den Vorwürfen, hier würden Marktinterventionisten mit der Anmaßung von Wissen und ohne Verständnis für die Freiheit des Wettbewerbs ans Werk gehen.

Die *Systemtheorie* ihrerseits konnte die "klassische Unschuld" im Sinne von Riese nie ganz ablegen, in der Herausbildung von möglicherweise wettbewerbswidrigen Marktstrukturen im Grunde genommen kein Problem zu sehen: Zum einen würde die Wettbewerbsdynamik jeder Machtstellung in Kürze den Garaus machen, zum anderen könne man keine festen Wirkungszusammenhänge von Wettbewerbsprozessen und Marktstrukturen erkennen, weil es letztlich darauf ankäme, ob sich auf den Märkten Wettbewerbsfreiheit manifestierte. Letztere wiederum sei mit ganz unterschiedlichen Marktstrukturen zu verknüpfen.

In der wettbewerbspolitischen Praxis sind die Gegensätze beider wettbewerblicher Paradigmen zu einem unscharfen Kompromiß verschmolzen: Die neoklassische *Wohlfahrtstheorie* gesteht mittlerweile zu, daß kein streng deterministischer Zusammenhang von Marktstruktur und Wirksamkeit des Wettbewerbs bestehe; die klassische Systemtheorie wiederum akzeptierte die empirischen Erfahrungen, daß bestimmte Marktstrukturen wettbewerbsbeschränkendes Verhalten besonders begünstigen können. Vom Ergebnis her könnten beide Seiten mit der Aussage Herdzinas gut leben, wonach als "*wettbewerbsgefährdende Marktstrukturen nach derzeitigen Erkenntnissen der wissenschaftlichen Wettbewerbspolitik insbesondere dauerhaft verfestigte hohe Konzentrationsgrade, im Hinblick auf den Produktionssektor der Volkswirtschaft also hohe Grade der Unternehmenskonzentration*" gelten (1993, S. 188).

Begriff der Konzentration

Wegen ihrer besonderen wettbewerblichen Bedeutung müssen Begriff und Erscheinungsformen der Konzentration näher behandelt werden.

Nach der mittlerweile klassischen Definition von Arndt und Ollenburg ist Konzentration "*die Ballung ökonomischer Größen*" (S. 7), wobei im Einzelfall weiter präzisiert werden muß.

Die wettbewerbliche Analyse der Konzentrationswirkungen betrifft die Strukturkomponente "Zahl der Anbieter". Durch die Konzentration von Unternehmen verringert sich die Zahl der Anbieter und damit selbständiger Wettbewerber. Das wiederum kann erhebliche wettbewerbliche Wirkungen haben, je nachdem, ob durch die erhöhte Reaktionsverbundenheit zwischen den verbleibenden Unternehmen die Wettbewerbsintensität steigt, nachläßt oder infolge von Marktbeherrschung gänzlich verschwindet.

Von den denkbaren Formen der Konzentration – z. B. Betriebs-, Vermögens-, räumliche Konzentration usw. – ist daher die *Unternehmenskonzentration* die wettbewerblich besonders relevante Art. Daneben kann die *Konzentration von Verfügungsmacht* noch eine besondere Rolle spielen, weil die Ballung der Dispositionsbefugnis am Markt in wenigen Händen gleichfalls die Reaktionsverbundenheit der Unternehmen und damit ihr Wettbewerbsverhalten berührt.

Unternehmenskonzentration liegt vor, wenn "einzelne Unternehmen stärker als ihre Konkurrenten wachsen, wenn ein Unternehmen andere Unternehmen – z. B. infolge von Abhängigkeiten – beherrscht, wenn mehrere Unternehmen fusionieren oder – bei Fortbestand ihrer rechtlichen Selbständigkeit – ökonomisch zu einer Einheit, einem Konzern verbunden werden." (Arndt und Ollenburg, S. 25) Konzentration kann somit "Folge sowohl interner als auch externer Wachstums- bzw. Konzentrationsstrategien der Unternehmungen sein." (Herdzina 1993, S. 190)

10.2. Konzentrationsmessung

Um die wettbewerblichen Auswirkungen der Unternehmenskonzentration angemessen erfassen zu können, muß diese differenziert betrachtet werden. Zuerst ergeben sich Probleme des Maßstabs: Wie ist Konzentration zu messen, damit Veränderungen oder ein neuer Zustand von Konzentration nachgewiesen werden können?

Diese eher einfach gestellte Frage findet angesichts kontinuierlich verbesserter Meßverfahren, aber auch gewachsener Erkenntnisse über die Marktzusammenhänge, immer seltener eine eindeutige Antwort. Die *Monopolkommission*, die nach § 24 b GWB zur regelmäßigen Begutachtung der Entwicklung der Unternehmenskonzentration in der Bundesrepublik Deutschland und der Anwendung der Konzentrationskontrolle durch das *Bundeskartellamt* gebildet worden war, gibt in ihren regelmäßigen Zweijahresgutachten ausführlich Auskunft über die neuesten Entwicklungen, Verbesserungen und Verfeinerungen der Meßverfahren (*Monopolkommission* 1990/91, S. 57 ff.).

Absolute Konzentrationsmaße

Die Monopolkommission ermittelt regelmäßig die *absolute* und die *relative Unternehmenskonzentration*. Bei der ersten werden die *Konzentrationsraten* auf die jeweils 3, 6, 10, 25 und 50 größten Merkmalsträger bezogen: Wenn die drei größten Unternehmen 62 Prozent des Marktumsatzes auf sich vereinen, dann würde man von einer CR (3) = 62 Prozent (CR steht für *Concentration Ratio*) sprechen. Die Legalvermutung des Kartellgesetzes in § 22 GWB, wonach bis zum Nachweis des Gegenteils unterstellt wird, daß Marktbeherrschung beispielsweise vorliegt, *wenn fünf oder weniger Unternehmen zusammen einen Marktanteil von zwei Dritteln oder mehr haben*, bezeichnet ein solches absolutes Konzentrationsmaß: CR (5) = 66,7 Prozent.

Die Probleme, die sich selbst bei dieser leicht überschaubaren Kennziffer ergeben, seien hier nur angedeutet: Wurde der relevante Markt widerspruchsfrei abgegrenzt? Inwiefern sind ausländische Anbieter einbezogen worden? Müßte man auch *potentielle* Wettbewerber berücksichtigen?

Ergänzend benutzt die Monopolkommission den *Herfindahl-Index* als ein "summarisches Konzentrationsmaß", weil dabei alle Unternehmen erfaßt werden können, die irgendwie, auch mit sehr geringen Anteilen, als Umsatzträger am Markt auftreten. Zur Ermittlung dieses Index werden die Produktionsanteile aller Anbieter quadriert und dann addiert. Da die dabei ermittelten Werte sehr klein sein können, werden sie von der Monopolkommission mit 10 000 multipliziert. Die Kommission gibt dem Herfindahl-Index den Vorzug, "weil er neben der Ungleichverteilung der Größe der Anbieter auch deren Anzahl berücksichtigt, die eine wesentliche Determinante der möglichen Wettbewerbsbeziehungen darstellt." (*Monopolkommission* 1984/85, S. 37)

Beispiel:

Auf einem Markt gebe es 20 Anbieter mit gleich großen Marktanteilen von jeweils einem Zwanzigstel, also 0,05 (bzw. 5 Prozent). Das Quadrat von 0,05 beträgt 0,0025. Für alle 20 Anbieter erhält man die Summe 0,05, die mit 10 000 multipliziert den Herfindahl-Index H = 500 ergibt. Was geschieht bei einer Zunahme der Konzentration in der Weise, daß nur noch zehn Anbieter übrigbleiben, wobei jeder annahmegemäß denselben Marktanteil – also 0,1 bzw. 10 Prozent – kontrolliert? Der Herfindahl-Index (Quadrat von 0,1 = 0,01; summiert über 10 Merkmalsträger = 0,1; multipliziert mit 10 000) von H = 1 000 weist die gestiegene Unternehmenskonzentration aus: Trotz Gleichverteilung und damit im Grundsatz gleicher relativer Machtposition am Markt ist hier die Anzahl geringer. Damit ist die Reaktionsverbundenheit der Konkurrenten größer, womit sich auch eher Gefahren für die Wettbewerbsintensität ergeben können, weil Verhaltensabstimmungen leichter werden.

Wie ist auf dem Markt mit ursprünglich 20 Anbietern die Wettbewerbslage einzuschätzen, wenn eines der Unternehmen neun seiner Konkurrenten mit ihren Marktanteilen aufkauft, so daß es die Hälfte des Marktangebots kontrolliert, während die andere Hälfte zu gleichen Teilen von den restlichen zehn Unternehmen geliefert wird? Der Marktanteil des Größten von 0,5 ergibt nach Quadratur 0,25; hinzu kommen zehnmal die quadrierten Anteile der Kleinen von jeweils 0,0025 (= 0,025), was nach Multiplikation mit 10 000 insgesamt H = 2750 ergibt. Damit zeigt der Herfindahl-Index einen deutlichen Sprung nach oben: Je größer der Umsatzanteil eines Unternehmens, desto kräftiger weist der Index die wachsende Konzentration und eine mögliche Wettbewerbsbeeinträchtigung aus. Der Grund dafür könnte sein, daß das konzentrierte Unternehmen Marktführer wird, dem die verbleibenden Unternehmen in bewußtem Parallelverhalten folgen.

Messung der Wettbewerbsintensität

Es ist leicht nachvollziehbar, daß der Index auf H = 5 000 steigt, wenn auf dem Markt auch die restlichen zehn Anbieter ihrerseits zusammengehen und die andere Hälfte des Marktes kontrollieren. (Zweimal jeweils 0,5; quadriert (0,25) und addiert (0,25 + 0,25 = 0,5) sowie mit 10 000 multipliziert: H = 5 000.) Die Konzentration des Gesamtangebots auf zwei Unternehmen, die Marktform eines "engen Oligopols" oder "Dyopols" also, weist nach Kantzenbach auf eine hohe potentielle, aber real sehr geringe effektive Wettbewerbsintensität. Dafür steht der hohe Wert des Herfindahl-Index.

Wie wäre die Wettbewerbslage auf einem Markt einzuschätzen, auf dem zwei Anbieter mit kraß unterschiedlicher Größe anbieten? Einer verfüge z. B. über 95 Prozent, der andere nur über 5 Prozent Marktanteil. Der Herfindahl-Index weist hier einen Wert von H = 9 050 aus und zeigt damit an, daß die Konzentration extrem hoch, der Wettbewerb entsprechend gefährdet ist.

Ganz konkret folgt die US-amerikanische Fusionskontrolle derartigen Herfindahl-Indices in ihrer Politik. Sie greift seit Änderung der "merger guidelines" von 1984 grundsätzlich erst ein, wenn auf einem Markt H = 1 000 erreicht wurde.

Relative Konzentrationsmaße

Bei Verwendung sogenannter *relativer Konzentrationsmaße* wird Konzentration angezeigt, "wenn sich die Merkmalswerte (z. B. Absatz, Beschäftigung) ungleichmäßig auf die Bezugseinheiten verteilen. Hat jeder Betrieb den gleichen Umsatz oder jeder Haushalt das gleiche Einkommen, so deutet dies auf keine Konzentration, ergeben sich dagegen Unterschiede in der Höhe von Umsatz oder Einkommen, so ist hierin ein Indiz für eine Konzentration zu sehen." (Arndt und Ollenburg, S. 9)

Die *Monopolkommission* ihrerseits verwandte zur Messung der relativen Konzentration

- "*Disparitätsraten*" bezogen auf die den Konzentrationsraten entsprechenden jeweils größten Merkmalsträger,
- einen "*Variationskoeffizienten*". (1990/91, S. 62 f.)

Eine *Disparitätsrate* ist der Anteil, mit dem der Wert einer Konzentrationsrate auf der Ungleichverteilung der Merkmalsbeträge, also z. B. der Umsatzanteile, beruht. Diese sehr abstrakte Aussage soll an einem Beispiel verdeutlicht werden.

Beispiel:
Auf einem Markt seien 100 Anbieter als Wettbewerber tätig. Wenn alle von ihnen gleich groß sind, also jeweils über einen Marktanteil von einem Prozent verfügen, dann zeigt ein relatives Konzentrationsmaß keinerlei Konzentration an: Kein Unternehmen ist in bezug auf ein anderes umsatzstärker und damit relativ marktmächtiger. Das ändert sich bei entstehender Ungleichverteilung. Nehmen wir an, auf die drei größten Unternehmen auf diesem Markt entfällt ein Marktanteil von 10 Prozent, die verbleibenden 97 Unternehmen teilen sich die restlichen 90 Prozent. Das absolute Konzentrationsmaß CR (3) beträgt 10 Prozent. Die Differenz von Konzentrationsmaß (10 Prozent) und Anteil der drei größten Unternehmen an der Gesamtzahl der 100 Marktanbieter (3 Prozent), bezogen auf die Angebotskonzentration, ergibt die Disparitätsrate DR (3). Diese sagt aus, zu welchem Anteil der Wert der Konzentrationsrate auf der ungleichen Verteilung der Marktanteile beruht. Im konkreten Fall ist die Disparitätsrate gleich 10 % − 3 % = 7 %; bezogen auf die Konzentrationsrate von 10 Prozent ergibt sich ein Wert DR (3) = 0,7 bzw. 70 Prozent.

Nehmen wir unter Berücksichtigung der Beispielrechnung an, daß die Konzentration auf diesem Markt auf CR (3) = 50 Prozent steigt; das heißt, daß die drei größten Anbieter die Hälfte des Umsatzes kontrollieren, während die verbleibenden kleineren 97 Anbieter die verbleibenden 50 Prozent auf sich aufteilen. Hier steigt die Disparitätsrate auf 50 % – 3 %, geteilt durch 50 %, gleich 0,94. Damit ist DR (3) = 94 Prozent, womit die Konzentration auf die drei Größten zu 94 Prozent auf die besonders krasse Ungleichheit der Marktanteile zurückzuführen ist.

Dieses relative Konzentrationsmaß der Disparitätsrate beschreibt eine Marktsituation, bei der dominierende Anbieter einer großen Zahl kleinerer Konkurrenten gegenüberstehen. Es ist zu erwarten, daß die drei Marktführer keinem nennenswerten Wettbewerbsdruck durch die relativ machtlosen Kleinbetriebe ausgesetzt sind. Obwohl rein rechnerisch die Gesamtzahl der Anbieter sehr groß ist, weist die Disparitätsrate vom 94 Prozent auf derartig große Machtunterschiede hin, daß die wettbewerbliche Gesamtsituation marktstrukturell eher einem engen Oligopol der drei Marktführer mit geringem faktischem Wettbewerbsdruck entspricht.

Mit dem zweiten relativen Konzentrationsmaß, dem vergleichsweise komplizierten *Variationskoeffizienten*, will die *Monopolkommission* sinnvollere Marktvergleiche zur Einschätzung der Konzentrationslage auf unterschiedlichen Märkten vornehmen. Es wird dabei am Herfindahl-Index angeknüpft und festgestellt, daß dieser auf zwei Märkten denselben Wert haben könnte: Auf einem Markt gebe es eine große Anbieterzahl und breit gestreute Produktions- bzw. Marktanteile (hoher Variationskoeffizient); auf einem anderen Markt können die Anbieterzahl klein und die Marktanteile etwa gleich groß sein, womit sich derselbe Herfindahl-Index, aber ein niedriger Variationskoeffizient ergeben würde. Die *Monopolkommission* machte deutlich, daß es bei Konzentrationsanalysen ein Fehler wäre, "die wettbewerblichen Verhaltensspielräume der Anbieter als äquivalent zu betrachten, nur weil sie den gleichen Wert des Herfindahl-Index aufweisen. Richtig ist es, den absoluten Konzentrationsgrad in bezug auf die Zahl der Anbieter und die Streuung der Produktionsanteile differenziert zu betrachten." (1990/91, S. 63)

Mit anderen Worten, ein Markt mit zahlreichen Anbietern und sehr vielfältigen Marktanteilen dieser Anbieter kann wettbewerblich lebhafter und für Innovationsaktivitäten offener sein als ein Markt mit wenigen gleich großen Anbietern. Bei gleichem Konzentrationsgrad soll der unterschiedliche Variationskoeffizient mithelfen, eine zutreffendere Einschätzung möglicher Marktverhaltensweisen angesichts der Unterschiede in den Marktstrukturen zu ermöglichen.

10.3. Stand und Prozeß der Konzentration

Den Unterschied in der Zeitpunkt- und der prozessualen Betrachtung der Konzentration stellen Arndt und Ollenburg grundlegend dar: "Der Stand der wirtschaftlichen Konzentration kommt im Ausmaß der Ballungen an einem bestimmten Zeitpunkt zum Ausdruck. Er ist im Allgemeinen das Ergebnis eines vorausgegangenen Konzentrationsprozesses. Konzentration in diesem Sinne besteht, wenn z. B. viele Unternehmen der Verfügungsmacht weniger Personen unterliegen oder wenn sich Betriebe, Menschen oder Vorkommen an bestimmten Standorten häufen." (S. 16 f.)

Im Gegensatz dazu ändern sich im Prozeß die Zahl der Merkmale je Bezugseinheit (Umsatz je Unternehmen) und in der Regel auch die Zahl der Einheiten (z. B. Abnahme der Anbieterzahl). War der Stand der Konzentration das Ergebnis zu einem bestimmten Zeitpunkt, "so vollzieht sich der Prozeß der Konzentration in der Zeit. Hierbei können Änderungen in der Verteilung auftreten. Wird jedoch von 'Konzentrationstendenz' oder von 'Konzentrationsbewegung' gesprochen, so wird in der Regel an jene Vorgänge im Unternehmenssektor gedacht, bei denen sich die Zahl der Merkmale je Bezugseinheit erhöht und die Zahl der Unternehmen verringert." (S. 16)

Die Untersuchung der Konzentrationsprozesse hatte grundlegende wettbewerbspolitische Erkenntnisse gebracht. Zu erfahren, welche unterschiedlichen gesetzlichen Regelungen (Unternehmens- und Steuerrecht), welche betrieblichen Interessenlagen (Vorteile der Massenproduktion, Streben nach Sicherheit am Markt) und welche gesamtwirtschaftlichen Bedingungen (Strukturwandel und Konjunkturlage) den Konzentrationsprozeß beeinflussen können, war immer auch der Einstieg in einen konzentrationspolitischen Maßnahmenkatalog. Daß dieser sich nicht in reinen wettbewerbspolitischen Maßnahmen erschöpfte (also z. B. in Verfahren der Fusionskontrolle), legen die konzentrationstheoretischen Erkenntnisse nahe.

Das soll an der Beziehung zwischen Konzentration und Steuerrecht, konkret am Beispiel der Umsatzbesteuerung, verdeutlicht werden: Eine Umsatzsteuer, die jeden Verkaufsvorgang mit einem Steuersatz belegt ("Allphasen-Bruttoumsatzsteuer"), wird demjenigen Unternehmen Steuerersparnisse bescheren, das möglichst viele vor- und nachgelagerte Betriebe in das eigene Unternehmen eingliedert ("vertikale Konzentration"). Im Idealfall fiele die Umsatzsteuer nur einmal an, wenn das fertige Produkt an den Handel geht. Andere, vertikal nicht konzentrierte, kleinere Unternehmen müßten dagegen bei jedem Vorgang der Produktveräußerung die Steuer entrichten. Diese die Konzentration unterstützende Wirkung hatte die auch aus diesem Grunde eingeführte Mehrwertsteuer nicht mehr, weil sie die Wertschöpfung anstelle des Absatzvorganges zum Maßstab der Besteuerung gemacht hatte. Konzentrationswirkungen waren hier nicht von der Wettbewerbs-, sondern von der Steuerpolitik erzielt worden.

10.4. Konzentrationsstrategien

Bei den Konzentrationsstrategien von Unternehmen am Markt hat die Richtung des Konzentrationsvorganges eine große wettbewerbliche Bedeutung. In der Literatur wird deshalb regelmäßig zwischen folgenden Arten der Konzentration unterschieden:

– *Horizontale Konzentration*: Konzentration von Unternehmen derselben Marktstufe, die unmittelbar Konkurrenten sind.

– *Vertikale Konzentration*: Konzentration von Unternehmen vor- oder nachgelagerter Wirtschaftsstufen, die Zulieferer oder Abnehmer im Verhältnis zueinander sind.

– *Diagonale oder konglomerate Konzentration*: Fusion von Unternehmen nicht verbundener Wirtschaftsstufen und Märkte.

Dementsprechend hat die Wettbewerbspolitik unterschiedliche Maßnahmen einer Konzentrationskontrolle vorgelegt. Alle Konzentrationsstrategien können durch *internes Wachstum* bewirkt werden, wenn das Unternehmen in die jeweiligen Märkte durch Aufbau eigener Betriebe einsteigt, oder aber im häufigeren Fall durch *externes Wachstum*, also Aufkauf und Eingliederung bereits bestehender Marktteilnehmer in den eigenen Unternehmensverbund.

Horizontale Konzentration

Horizontale Unternehmenszusammenschlüsse gelten als diejenigen mit unmittelbaren Wirkungen auf die Wettbewerbsintensität, weil – zumindest bei externem Wachstum – die Zahl der Unternehmenseinheiten zurückgeht und sich die Gewichte unter den Marktteilnehmern verschieben.

Herdzina unterscheidet bei den Fusionsvorgängen zwischen dem

– *Primäreffekt*, wenn sich eine absolute und unter Umständen auch relative Konzentration am Markt messen läßt, und dem
– *Sekundäreffekt*, wenn "daraufhin kleinere Unternehmen weiter zurückgedrängt und sogar zum Ausscheiden veranlaßt" werden, wodurch sich mit Hilfe von

absoluten, aber auch relativen Konzentrationsmaßen eine Zunahme der Unternehmenskonzentration feststellen läßt. (1993, S. 191 f.)

Da horizontale Konzentration die strukturellen Voraussetzungen wirksamen Wettbewerbs, die hinreichend große Vielfalt konkurrierender Marktanbieter, unmittelbar beeinflußt, setzen die meisten wettbewerbspolitischen Kontrolleingriffe bei diesem Konzentrationstypus ein. Eingriffskriterium ist die in absoluten Konzentrationsmaßen nachzuweisende Marktmacht, die als Folge einer geplanten Fusion zu erwarten ist.

Andererseits wird auf der Grundlage der Konzeption des *funktionsfähigen* Wettbewerbs anerkannt, daß es Märkte mit unterdurchschnittlichen Konzentrationsgraden gibt, auf denen eine geplante Horizontalfusion eher wettbewerbsstimulierende Wirkungen haben könnte. Hier wäre dann kein Verbot angezeigt, sondern das, was die *Europäische Union* in die folgende Aussage kleidete: *"Zusammenschlüsse, die keine beherrschende Stellung begründen oder verstärken, sind für vereinbar mit dem Gemeinsamen Markt zu erklären."* (Art. 2 Abs. 2 der FusionskontrollVO vom 21.12.1989)

Vertikale Konzentration

Wenn durch die Fusionsvorgänge Unternehmen hintereinander gelagerter Produktionsstufen vereint werden, die in einer Käufer-Verkäufer-Beziehung stehen, spricht man von vertikaler Konzentration.

Wettbewerbsbeschränkende Wirkungen derartiger Fusionen lassen sich nicht mehr einfach mit Konzentrationsmaßen plausibel machen, weil diese Zusammenschlüsse die Zahl der Anbieter auf den jeweiligen Marktstufen nicht verändern. Wettbewerbsbeschränkende Wirkungen sind daher nicht durch die Entstehung marktbeherrschender Stellungen, sondern "insbesondere hinsichtlich der Behinderung von tatsächlichen oder potentiellen Mitbewerbern" (Schmidt 1993, S. 128) zu erwarten. Denkbar ist, daß nicht-integrierte Konkurrenten am Zugang zu wichtigen Vorprodukten gehindert werden. Es ist weiterhin vorstellbar, daß Marktzutritt um so schwerer ist, je stärker die Konkurrenten auf dem Markt vertikal integriert sind und damit über sichere Absatzmärkte verfügen, die ein Newcomer nur mit geringen Erfolgsaussichten aufbauen könnte.

Konglomerate Konzentration

"Von diagonaler (oder konglomerater) Konzentration wird endlich gesprochen, wenn Unternehmen miteinander vereinigt werden, deren Erzeugnisse weder produktions- noch absatzmäßig verwandt sind. In den USA werden derartige Konzentrate, die teils zum Zweck der Risikominderung, teils aber auch als Folge von Spekulation resp. von Ausbeutungsstrategien entstehen, als 'conglomerates' bezeichnet." (Arndt und Ollenburg, S. 27)

Diese Art von Zusammenschlüssen tritt (vgl. Herdzina 1993, S. 192 f.; Schmidt 1993, S. 130 f.) in drei Untergruppen auf:

– *Markterweiterungs-Zusammenschlüsse* durch Bereitstellung gleichartiger Produkte für räumlich getrennte Märkte, oder aber mit dem Ziel, neue Produkte mit gewisser Produktionsflexibilität auf räumlich gleichen Märkten anzubieten. Als Beispiel für letzteren Fall kann man an eine Brauerei denken, die ein Fruchtsaftunternehmen erwirbt und damit in die Märkte für nicht-alkoholische Getränke einsteigt.

– *Marktverkettungs-Zusammenschlüsse* sind *"Fusionen vertikal hintereinander liegender Unternehmen unter Auslassung einer Produktionsstufe."* (Herdzina) So könnte ein Automobilhersteller eine Kautschukplantage erwerben, die ihrerseits an einen wichtigen Reifenhersteller liefert. Wenn dieser Reifenhersteller dem Automobilwerk die Reifen für die Erstausstattung neuer Kraftfahrzeuge liefern will, könnte das Automobilwerk mit Hinweis auf die Kontrolle des Rohproduktes die Abhängigkeit des Reifenproduzenten im eigenen Interesse ausnutzen.

– *Marktdiversifikations-Zusammenschlüsse* sind reine konglomerate Fusionen ohne jeden marktmäßigen Zusammenhang. Ein Automobilhersteller möge z. B. ein Büromaschinenunternehmen aufkaufen. Hier sind Wettbewerbswirkungen nur mittelbar nachweisbar. Hauptsächlich wird geltend gemacht, daß diese Unternehmen die Preise ihrer Produkte mit Erträgen aus anderen Erzeugnissen subventionieren und damit Einproduktunternehmen auf dem jeweiligen Markt behindern oder verdrängen können. Die Summe der finanziellen Ressourcen stellt an sich einen Bedrohungsfaktor für kleinere Wettbewerber dar, die womöglich die wettbewerbliche Auseinandersetzung am Markt scheuen und von vornherein eine gewisse Markt- und Preisführerschaft des Konglomeratkonzern akzeptieren, obwohl dieser auf dem betreffenden Markt nicht durch eine marktbeherrschende Position im Sinne der oben dargelegten Konzentrationsmaße ausgezeichnet ist.

10.5. Ursachen der Konzentration

Für die Untersuchung der Ursachen der Zusammenschlußvorgänge werden die bereits an verschiedenen Stellen angedeuteten Gründe systematisch zusammengetragen. Dabei wird die wettbewerbliche Widersprüchlichkeit der Fusionen deutlich: Im Gegensatz zu wettbewerbsbeschränkenden Preiskartellen kann Unternehmenskonzentration marktwirtschaftlich vorteilhaft sein. Sie ist mit der Erwartung höherer Leistungsfähigkeit, größerer Gewinne und verbesserter Investitionsaussichten verbunden. Das gilt insbesondere für alle Prozesse internen Unternehmenswachstums erfolgreicher Unternehmen, die von den Konzentrationsmaßen ebenfalls als Konzentrationsanstieg registriert werden.

Die Literatur, die Wettbewerbspolitik und die Gesetzgebung gegen Wettbewerbsbeschränkungen betrachten internes Wachstum grundsätzlich als Ausdruck der besonderen Leistungsfähigkeit. Fusionskontrollen werden bei internem Wachstum fast ausnahmslos abgelehnt. Hier ist allenfalls die Kontrolle des Marktverhaltens angezeigt, um eine mißbräuchliche Ausnutzung der durch Eigenleistung hergestellten Marktstärke zu verhindern. Das würde auch für die Fälle gelten, in denen Unternehmen nur deshalb intern wachsen, weil sie andere Unternehmen behindern bzw. ausbeuten.

Gründe für die Unternehmenskonzentration sind:

– Senkung der *Stückkosten* wegen wachsender Losgrößen ("economies of scale") und damit Erzielung von Wettbewerbsvorteilen gegenüber kleineren Anbietern;

– Chancen für systematische *Forschung und Entwicklung* nicht nur im Hinblick auf die bisherigen Produkte, sondern auch in Richtung auf Produktdiversifizierung, was erst von einer bestimmten Unternehmensgröße ab betriebswirtschaftlich möglich ist;

– Vorteile durch die *Diversifizierung* des Produktprogramms, z. B. Bereitstellung einer großen Produktpalette, von aufeinander abgestimmten Zubehörteilen, Angebot auf mehreren Märkten zur Abfederung des Absatzrisikos, das auf einzelnen Märkten während der Rückbildungsphase des Produktzyklus entsteht;

– Nutzung von *Transaktionskostenvorteilen* in vertikal gegliederten Konzernen; die Suche nach qualitativ geeigneten Vorprodukten, die Bestimmung von Produktionsmengen und -preisen kann innerhalb eines Unternehmens schneller und kontrollierter geschehen als über Märkte;

– Vorteile bei der Nutzung *staatlicher Rahmenbedingungen* (Förderprogramme, Steuersysteme) für das eigene Unternehmen; sie steigen mit der Größe der Unternehmen und mit den Möglichkeiten, die Informations- und Durchsetzungskosten aufzubringen, um die Programme "abzuschöpfen";

– Stärkung der *Verhandlungsmacht* gegenüber Banken und anderen Kreditgebern; erfahrungsgemäß sinken die Kosten der Kreditaufnahme mit wachsender Größe des Unternehmens und des Kreditbetrages;

– Überwindung von *Markteintrittsbarrieren*, die gegen jeden Newcomer stehen; der Aufkauf eines bereits am Markt eingeführten Unternehmens senkt die Lernkosten, die beim Eintritt in einen räumlich oder produktmäßig neuen Markt üblicherweise entstehen.

Gemessen an diesen Erwartungen weisen die eher wenigen Marktanalysen realer Konzentrationsvorgänge auf sehr ernüchternde Ergebnisse hin. Die erwarteten positiven Folgen der Unternehmenszusammenschlüsse traten selten ein. Was blieb, war die Gefährdung wettbewerblicher Marktstrukturen.

So stellten Frederic M. Scherer und David J. Ravenscraft in einer Untersuchung von Tausenden von Fusionsvorgängen in den USA fest, daß 40 Prozent wieder revidiert wurden. Damit werde die Ehescheidungsquote Kaliforniens erreicht, wie die Forscher sarkastisch meinten. (Mitteilungen des Wissenschaftszentrums Berlin, Juni 1986, S. 20) Besonders trostlos war das Ergebnis bei den *Conglomerates*, wenn die aufgekauften Unternehmen auf einem ganz anderen Markt als die beherrschende Firma tätig waren. Die Renditeabfälle bei horizontalen Fusionen waren geringer. Am kleinsten waren die Verluste, wenn Firmen benachbarter Branchen zusammengingen. Vorteile aus der Fusion gab es noch am ehesten, wenn Unternehmen ähnlicher Größenordnung ihre Interessen zusammenlegten.

Es stellte sich heraus, daß in den USA das Management der kritische Faktor war. Zur Kontrolle wurde dem aufgekauften Unternehmen ein neues Leitungsmanagement seitens des Mutterunternehmens aufgedrückt. Dieses hatte dann wenig Durchblick und Detailkenntnis, die verbliebenen leitenden Angestellten der Tochterfirma wurden in abhängige Positionen abgeschoben und waren entsprechend unmotiviert. Zudem zeigte die praktische Erfahrung, daß zunehmende Größe zwangsläufig mehr bürokratische Kontrollen verursacht, die ihrerseits Kreativität und Produktivität untergraben.

In Deutschland gelten die Konglomerate ebenfalls als mißglückte Fusionsversuche ohne nachweisbaren strategischen Gewinn. Das Engagement von VW bei Triumph-Adler (Büromaschinen) verursachte beispielsweise Verluste von

1,7 Mrd. DM, bevor es wieder aufgegeben wurde. Die so gewachsenen Misch-konzerne erschienen "eher fett als fit". (Die Zeit, Nr. 35/89 vom 25.8.1989)

10.6. Wettbewerbliche Bewertung der Unternehmenskonzentration

Eine Zusammenfassung der wesentlichen Wirkungen der Unternehmenskonzentration bringt H. Berg (1992, S. 275). Sie ist in Abbildung 14 wiedergegeben.

Mögliche negative Wirkungen der Unternehmenskonzentration:	Bei überragender Marktstellung oder marktbeherrschender Position durch fehlenden Wettbewerbsdruck reduzierte Allokationseffizienz, Anpassungsflexibilität und Innovationsaktivität.	Verringerung des Grades der Dezentralisierung wirtschaftlicher Entscheidungen; dadurch Abnahme der Möglichkeit zur individuellen unternehmerischen Disposition und zur Wahrnehmung von Wahlmöglichkeiten.	Verstoß gegen Postulat einer leistungsbezogenen Einkommensverteilung durch Entstehen von Monopolrenten. Durch verminderten Wettbewerbsdruck Bildung nicht ausreichend begrenzter und kontrollierter wirtschaftlicher Macht.	Zunehmende Wahrscheinlichkeit von friedlichem Oligopolverhalten durch Verhaltensabstimmung und Verzicht auf Preiswettbewerb. Erhöhung der Markteintrittsbarrieren für "newcomer"; dadurch verminderte Bedrohung etablierter Anbieter durch Wirksamwerden von potentieller Konkurrenz.
Mögliche postive Wirkungen der Unternehmenskonzentration:	Verbesserte Allokationseffizienz durch das Nutzen von "economies of scale" und Lernkurveneffekten. Beseitigung bestehender Wettbewerbsnachteile durch Erreichen der optimalen Unternehmensgröße.	Erhöhte Chancen zum Eintritt in neue Märkte auch bei Bestehen von Markteintrittsbarrieren. Gesteigerte Möglichkeit zur Finanzierung aufwendiger Projekte von Forschung und Entwicklung.	Verbessert Fähigkeit zur Kompensation partieller Mißerfolge und zur Bewältigung von Unternehmenskrisen durch diversifiziertes Angebot und Präsenz auf einer Vielzahl von Märkten.	Gesteigerte internationale Wettbewerbsfähigkeit durch überlegene Befähigung von Großunternehmen zur Erschließung von Auslandsmärkten.

Abbildung 14: Wettbewerbswirkungen der Unternehmenskonzentration

Die Gegenüberstellung der möglichen negativen mit den möglichen positiven Wirkungen der Unternehmenskonzentration verdeutlicht die wettbewerbliche Ambivalenz der Konzentrationsvorgänge. Sie läßt verständlich werden, daß hier keine "Per-se-Verbote" angezeigt sind, sondern bestenfalls Einzelfalleingriffe. Diese betreffen folgerichtig

- als *Fusionskontrolle* den Vorgang einer Veränderung der Marktstrukturen mit dem Ziel, die zunehmende Vermachtung der Märkte zu verhindern, bzw.
- als *Kontrolle des Mißbrauchs* der marktbeherrschenden Stellung die Beendigung wettbewerbsfeindlicher Verhaltensweisen.

11. Fusionskontrolle

Die als Fusionskontrolle bezeichneten wettbewerbspolitischen Eingriffe in die externe Unternehmenskonzentration haben erst spät Eingang in das wettbewerbspolitische Instrumentarium gefunden. Sieht man von den USA ab, wo der *Clayton Act* von 1914 – 24 Jahre nach Verabschiedung des *Sherman Antitrust Act* – als erstes Fusionskontrollgesetz der Welt erlassen worden war, so waren bei beiden im Mittelpunkt dieser Abhandlung wichtigen Gesetze, GWB und EWG-Vertrag, Eingriffe gegen die Konzentration erst nachträglich eingefügt worden.

Das galt für das GWB von 1957, das seinen umgangssprachlichen Namen "Kartellrecht" tatsächlich verdient hatte, weil es zwar eine Kartellkontrolle mit allgemeinem Verbot bei definierten Ausnahmen beinhaltete, bei der Unternehmenskonzentration jedoch allein eine Meldepflicht und nachträgliche Verhaltenskontrollen ("Mißbrauchsaufsicht") vorsah. Dieses "fundamentale Ungleichgewicht", wie es der erste Kartellamtspräsident, Eberhard Günther, einmal genannt hatte, wurde erst 1973 im Rahmen der zweiten Kartellrechtsnovelle ausgeglichen. Seitdem besteht die Möglichkeit, allerdings unter sehr eingeschränkten Bedingungen, in den Prozeß der Unternehmenskonzentration einzugreifen.

Ähnliche Bedingungen gelten für die *Europäische Union*. Deren grundlegende Kartellgesetzgebung, die Art. 85 und 86 EWG-Vertrag, waren gleichfalls nur Rechtsgrundlage für Kartellkontrolle und Mißbrauchsaufsicht. Die einzige Ausnahme, die 1971 veröffentlichte Entscheidung des *Europäischen Gerichtshofs* im Fall "Europemballage/Continental Can", wonach Fusionen im Einzelfall als Mißbrauch einer marktbeherrschenden Stellung interpretiert und Verboten werden können, ist keine Widerlegung, sondern eine Bestätigung dieser Regel. Eine eigenständige Fusionskontrolle kennt die EU erst seit 1990, als die 1989 erlassene *Verordnung (EWG) Nr. 4064/89 über die Kontrolle von Unternehmenszusammenschlüssen* in Kraft trat.

11.1. Tatbestände des Zusammenschlusses

Als Grundlage eines rechtlichen Eingriffs muß bestimmt werden, was überhaupt als Zusammenschluß bzw. Fusion zu werten ist. Das GWB nennt hierfür mehrere Tatbestände (§ 23 Abs. 2):

- *Erwerb des Vermögens* eines anderen Unternehmens;

- *Erwerb von Anteilen* an einem anderen Unternehmen in einem Umfang, der bestimmende Einflüsse auf die Geschäftspolitik ermöglicht;

- *Unternehmensverträge* in der Form von Beherrschungs-, Gewinn- und Verlustübernahme- sowie Verpachtungsverträgen;

- Konzentration von *Verfügungsmacht* durch die Herstellung von Personengleichheiten in den Führungsebenen;

- *Generalnorm*: "Jede sonstige Verbindung", aufgrund derer Unternehmen einen "*beherrschenden Einfluß* auf ein anderes Unternehmen ausüben können", gilt ebenfalls als Fusion. Damit sollten wettbewerbspolitische Eingriffe in Fällen möglich werden, wo andere Zusammenschlußtatbestände knapp verfehlt, aber dennoch beherrschende Einflüsse sichergestellt wurden.

Beispiel:
Wenn ein Unternehmen beim Erwerb eines Aktienpakets mit einer einzige Aktie unter der Grenze von 25 Prozent blieb, die Grenze, von der ab ein beherrschender Einfluß vermutet wird, soll mit dieser Generalnorm eingegriffen werden können. Derartige Fälle kamen beim Einzelhandel und im Pressebereich vor, um die Fusionskontrolle auszuhebeln, obwohl jeder wußte, daß die angestrebte Beherrschung über das aufgekaufte Unternehmen trotz allem gewährleistet war.

Weil diese Zusammenschlußtatbestände immer noch "trickreich" umgangen werden konnten, wurde mit der fünften Novelle des GWB von 1989 ein weiterer Auffangtatbestand eingeführt:

- Auch wenn alle oben genannten Grenzwerte unterschritten werden, selbst wenn keine de facto Beherrschung im vorgenannten Sinne (24,99 Prozent der Aktien) erzielt wird, kann dennoch die Fusionskontrolle *bei allen Maßnahmen* eingreifen, mit denen Unternehmen "*einen wettbewerblich erheblichen Einfluß auf ein anderes Unternehmen ausüben können.*" (§ 23 Abs. 2 Nr. 6 GWB)

Die rechtliche Festlegung des zuletzt erwähnten Zusammenschlußtatbestandes hatte wettbewerbspolitische Sorgen laut werden lassen, daß diese "Auffangregelung für besondere Fallkonstellationen" die Grundlage für eine unübersehbare Ausweitung der Fusionskontrolle werden könnte. Das *Bundeskartellamt* äußerte dazu nach Darstellung der wenigen Anwendungsfälle, daß diese "Befürchtungen jeder Grundlage entbehren." (1991/92, S. 23)

Eine Besonderheit bei der Definition des Zusammenschlußtatbestandes findet sich im Fusionskontrollrecht der EU. Hier werden Gemeinschaftsunternehmen (*Joint Ventures*), also gemeinsame Unternehmensneugründungen, ebenfalls als Fusion angesehen, wenn diese als selbständige wirtschaftliche Einheiten am Markt auftreten (Art. 3 FusKontrVO). Joint Ventures, die das Wettbewerbsverhalten der Gründungsunternehmen koordinieren sollen, betrachtet die EU nicht als Fusion, sondern als Kartellersatz.

11.2. Anmelde- und Anzeigepflichten

Um der wettbewerbspolitischen Instanz eine Kontrolle des Zusammenschlusses zu ermöglichen, sind die beteiligten Unternehmen von Gesetzes wegen verpflichtet, die Fusion bekanntzugeben.

Das deutsche Recht trifft dabei eine Unterscheidung nach der Gewichtigkeit des Fusionsvorgangs; angesichts der Tatsache, daß vollzogene Zusammenschlüsse nur sehr schwer wieder entflochten werden können, müssen die als "Elefanten-Hochzeiten" bezeichneten Fusionen sehr großer Unternehmen mit Umsatzerlösen von über zwei Milliarden DM *vorher* angemeldet werden (§ 24 a GWB).

Für alle anderen Fusionen gilt die allgemeine Anzeigepflicht des § 23 Abs. 4 GWB; diese Anzeige kann vorher erfolgen, um dem Kartellamt die Möglichkeit einer Ex-ante-Kontrolle zu bieten und insofern Rechtssicherheit für die Fusionspartner herzustellen. Es ist bei diesen Zusammenschlüssen eher kleinerer Unternehmen auch die nachträgliche Anzeige der vollzogenen Fusion möglich. Hier kann bei Feststellung von marktbeherrschenden Stellungen eine nachträgliche Aufhebung der Fusion ("Entflechtung" als Ex-post-Kontrolle) angeordnet werden.

Die Fusionskontrollpolitik der EU sieht grundsätzlich die vorherige Anmeldung aller Zusammenschlüsse von gemeinschaftsweiter Bedeutung vor (Art. 4 FusKontrVO).

Prüfverfahren

Der eigentliche wettbewerbspolitische Entscheidungsvorgang findet bei der Prüfung der angemeldeten Fusion seitens des Kartellamts (Deutschland) bzw. der Kommission der EU statt. Für diese Prüfung, die das Ergebnis haben muß, in welcher Weise in den anstehenden Prozeß der Unternehmenskonzentration eingegriffen werden soll, benötigt der jeweilige Handlungsträger geeignete Entscheidungskriterien. Diese müssen von der Wettbewerbstheorie bereitgestellt werden. Bedeutsam sind dabei die kausalen Zusammenhänge zwischen Marktstrukturen, Marktverhalten und Marktergebnis.

Eingriff bei Marktbeherrschung

Wie oben bereits dargelegt, sind Konzentrationsvorgänge unterschiedlich zu behandeln, je nachdem, wie die marktstrukturellen Veränderungen eingeschätzt werden. Nur gegen die Zusammenschlüsse, die die Wettbewerbsintensität zu verringern drohen, soll wettbewerbspolitisch eingegriffen werden.

Das Marktstrukturkriterium als Entscheidungsgrundlage ist folgerichtig die Frage, ob durch die Fusion Marktbeherrschung entsteht oder eine bereits bestehende übermäßige Machtposition weiter gefestigt wird. Positiv formuliert das die EU, indem sie als Prüfkriterium der Kommission vorschreibt, daß im Gemeinsamen Markt wirksamer Wettbewerb aufrechtzuerhalten und zu entwickeln sei, "*insbesondere im Hinblick auf die Struktur aller betroffenen Märkte.*" (Art. 2 Fus-KontrVO)

Bagatellfusionen zwischen kleineren Unternehmen würden dementsprechend von vornherein ohne weitere Beachtung bleiben. Marktbeherrschung ihrerseits ist ein Strukturkriterium. Die jeweilige Wettbewerbsbehörde muß prüfen, ob eine Angebotskonzentration entsteht, bei der von Beschränkungen der Wettbewerbsfreiheit ausgegangen werden muß. Die Entscheidung müßte nach einer detaillierten Analyse der tatsächlichen Marktverhältnisse getroffen werden.

Zur Erleichterung dieser Arbeit haben einige Wettbewerbsrechtsordnungen sogenannte *Legalvermutungen* über das Vorliegen von Marktmacht, dargestellt durch absolute Konzentrationsgrade, vorgesehen. Das deutsche Recht legt z. B. in § 22 Abs. 3 GWB fest, daß ein Unternehmen mit einem Marktanteil von einem Drittel (CR (1) = 33 Prozent) bzw. drei Unternehmen mit einem Marktanteil von insgesamt der Hälfte (CR (3) = 50 Prozent) als marktbeherrschend bis zum Beweis des Gegenteils gelten.

Das europäische Recht setzt unabhängig von Marktanteilen erst bei bestimmten Mindestgrößen der Unternehmen ein. Derzeit muß ein weltweiter Gesamtumsatz aller Fusionspartner von jährlich mindestens fünf Milliarden ECU gegeben sein. Danach "vermutet" die europäische Fusionskontrolle, daß die fusionierenden Unternehmen trotz absoluter Größe bei begrenzten Marktanteilen nicht in der Lage sind, "*wirksamen Wettbewerb zu behindern. Ein solches Indiz (besteht) insbesondere dann, wenn der Marktanteil der beteiligten Unternehmen im Gemeinsamen Markt oder in einem wesentlichen Teil desselben 25 v.H. nicht überschreitet."* (Präambel Nr. 15 FusKontrVO) Das läßt im Rückschluß die Vermutung zu, daß bei Überschreiten eines Marktanteils von einem Viertel das fusionierte Unternehmen in eine marktstarke Stellung und damit in den Kontrollanspruch der Wettbewerbspolitik hineinwächst.

Eingriffe bei Vertikal- und Diagonalfusionen

Das Kriterium der Marktbeherrschung geht bei vertikalen und konglomeraten bzw. diagonalen Zusammenschlüssen grundsätzlich ins Leere. Die Konzentrationsraten auf den jeweiligen Märkten erfahren keine Veränderung, wenn Unternehmen fusionieren, die nicht auf denselben Märkten tätig sind.

Dennoch sind wettbewerbsbeschränkende Wirkungen derartiger Fusionen nicht auszuschließen. Beeinträchtigungen der Wettbewerbsdynamik sind insbesondere zu erwarten, wenn die beteiligten Unternehmen absolut sehr groß sind oder auf einigen der betroffenen Märkte eine beherrschende Position einnehmen. Am ehesten sind unter diesen Bedingungen negative Hebelwirkungen gegenüber vertikal nicht-integrierten Unternehmen zu erwarten; sie müssen dann mit Behinderungen oder gar Verdrängung vom Markt rechnen.

Bei der Bildung von Mischkonzernen, den diagonalen Zusammenschlüssen also, wird als Gefährdung der Wettbewerbsintensität das *"Deep-Pocket"*-Argument vorgetragen. Dieses müsse "in der wirtschaftlich-finanziellen Überlegenheit des aufnehmenden Unternehmens gegenüber tatsächlichen oder potentiellen Konkurrenten auf dem Markt des erworbenen Unternehmens gesehen werden, die die Chancengleichheit und die Leistungsfähigkeit am Markt als Auslesekriterium verletzt. Daneben bestehen gesellschaftspolitische Bedenken hinsichtlich der Konzentration von Verfügungsmacht." (Schmidt 1993, S. 129 f.)

Wenn somit die allgemein geltenden Konzentrationsraten, wie sie insbesondere als Aufgreifkriterium für die Kontrolle horizontaler Fusionen definiert wurden, nicht vorliegen, dann setzt die Fusionskontrolle bei vertikalen und diagonalen Zusammenschlüssen "hilfsweise" an absoluten Kriterien (also Umsatzerlösen) an. § 23 a GWB legt hierfür Legalvermutungen fest. Eine "überragende Marktstellung" ist immer dann zu erwarten, wenn die am Fusionsvorgang beteiligten Unternehmen insgesamt Umsätze von mehr als 12 Milliarden DM gemacht hatten. (§ 23 a Abs. 1 Nr. 2 GWB).

Diese absolute Grenze wird deutlich abgesenkt, wenn sich die Fusion in Märkte erstreckt, auf denen kleine und mittlere Unternehmen tätig sind, oder wenn sich das aufkaufende Unternehmen auf einem seiner Märkte bereits in einer beherrschenden Position befindet. In diesen Fällen wird Marktbeherrschung insgesamt vermutet, wenn das aufkaufende Unternehmen über 2 Milliarden DM Jahresumsatz gebietet. (§ 23 a Abs. 1 Satz 1 litt. a) und b) GWB)

Wie bei Legalvermutungen üblich, wird grundsätzlich die Möglichkeit einer Widerlegung der Vermutung durch die Unternehmen gesetzlich festgehalten; Kriterium für die Widerlegung ist der Nachweis (§ 23 a Abs. 2 GWB), daß

- trotz Zusammenschlusses auch weiterhin *wesentlicher Wettbewerb* besteht,
- die Fusionspartner *keine überragende Marktstellung* im Verhältnis zu den übrigen Wettbewerbern einnehmen (gedacht wurde insbesondere an mittelständische Unternehmen).

Die europäische Fusionskontrollpolitik hat ihre Eingriffsgrundlagen so umfassend bestimmt, daß Zusammenschlüsse aller "Richtungen" unter den Verordnungswortlaut fallen: Es geht grundsätzlich um Mindestumsätze von fünf Milliarden ECU sowie um den Schutz wirksamen Wettbewerbs "im Gemeinsamen Markt", vereinfacht gesagt dem Staatsgebiet der EU. Damit ist mehr als nur der wettbewerbsrelevante Bedarfsmarkt für eine Warenart gemeint.

Geprüft werden nach Art. 2 Abs. 1 litt. b) FusKontrVO der EU auch die durch die Fusion entstehende wirtschaftliche Macht und Finanzkraft sowie die Verletzung der "*Interessen der Zwischen- und Endverbraucher*."

Ambivalenz der Fusionen

Angesichts der *wettbewerblichen Ambivalenz* von Konzentrationsprozessen, deretwegen nicht ausgeschlossen werden kann, daß stimulierende Wirkungen auf die Wettbewerbsintensität oder besondere positive Marktergebnisse entstehen, werden weiterhin Rechtfertigungsgründe geprüft. Diese betreffen nach deutschem Recht mögliche "*Verbesserungen der Wettbewerbsbedingungen*", die ihrerseits die Nachteile der Marktbeherrschung mindestens ausgleichen müssen (§ 24 GWB). Die EU verlangt von der Kommission, auch die "*Entwicklung des technischen und wirtschaftlichen Fortschritts, sofern diese dem Verbraucher dient und den Wettbewerb nicht behindert*", bei der Prüfung zu berücksichtigen (Art. 2 FusKontrVO).

Letztere einschränkende Klausel läßt sich mit Kantzenbachs Konzeption des wirksamen Wettbewerbs begründen, die auf polypolistischen Märkten Konzentration hinnimmt, weil mit wachsender Marktmacht eher dynamische ("Pionier")-Unternehmen entstehen könnten. In dieser Klausel wird auch ein innereuropäi-

scher politischer Kompromiß deutlich: Länder, die glauben, noch einen Nachhol-
bedarf an Konzentration zu haben, finden hier eine Rechtfertigung für ihre Politik,
wettbewerbsfähige Unternehmenseinheiten überhaupt erst herzustellen.

Dieser Kompromiß ist auf teilweise heftige Kritik gestoßen. Schmidt stellte in
bezug auf die Wettbewerbspolitik der Kommission nicht ohne Sorgen die Frage,
*"ob wirksamer Wettbewerb im Sinne der Aufrechterhaltung kompetitiver Markt-
strukturen, welche quasi automatisch zu wirtschaftlichem und technischem Fortschritt führen, oder im Sinne einer Industriepolitik verstanden wird, die durch
direkte staatliche Maßnahmen – d. h. Nicht-Untersagung wettbewerbswidriger
Fusionen oder Subventionen für bestimmte Wirtschaftssektoren – den wirtschaftlichen und technischen Fortschritt fördern will."* (1992, S. 629)

Eine rein wirtschaftspolitische Dimension hat die Vorschrift des deutschen
Rechts, wonach der Bundesminister für Wirtschaft trotz wettbewerbspolitischen
Verbots eine Fusion genehmigen darf, *"wenn im Einzelfall die Wettbewerbsbe-
schränkung von gesamtwirtschaftlichen Vorteilen des Zusammenschlusses aufge-
wogen wird oder der Zusammenschluß durch ein überragendes Interesse der
Allgemeinheit gerechtfertigt ist."* (§ 24 Abs. 3 GWB)

Verbot, Erlaubnis, Auflagen

Nach Abschluß aller Prüfungen konnten Fusionen untersagt werden, in anderen
Fällen blieben die Zusammenschlüsse unbeanstandet. Mit zunehmender Fusions-
kontrollpraxis wurden in Deutschland in einer Reihe von Fällen Auflagen mit dem
Ziel gemacht, die Fusion zu genehmigen, falls sich die Partner von bestimmten
Konzernunternehmen oder Betriebsteilen trennten. Um welche es sich dabei
handelte, klärte das *Bundeskartellamt* in Verhandlungen mit den Fusionsinteressierten. Mit dieser *"De-Konzentration"* sollen die Wettbewerbsverhältnisse auf
gefährdeten Märkten soweit verbessert werden, daß die eigentliche Fusion wettbewerbspolitisch akzeptabel blieb.

In Deutschland waren diese behördlichen Verhandlungen mit den Fusionsinteressierten nicht ohne rechtliche Probleme, da das deutsche Wettbewerbsrecht nur
vorsah, die Fusion zu untersagen oder sie passieren zu lassen. Die in der Verwal-
tungspraxis entwickelte Auflagenpolitik stellte sich als eine angemessene Flexibilisierung der Fusionskontrolle dar. Diese greift ja sehr massiv in die Geschäftspolitik der fusionsinteressierten Unternehmen mit möglichen weitreichenden
Auswirkungen auf den Märkten ein. Hier dem unternehmensstrategischen Ziel
der Fusion entgegenzukommen (das Unternehmen muß sich danach am Markt
behaupten, nicht die Kartellbehörde!) und gleichzeitig mittels der Auflagen die

nachteiligen Wirkungen auf die Dynamik der Wettbewerbsprozesse zu verringern, hatte sich zu einer weitgehend problemfreien Politikpraxis entwickelt.

Die später erlassene Fusionskontroll-Verordnung der EU greift diese Praxiserfahrungen explizit auf; die Kommission kann Änderungen des ursprünglichen Vorhabens bewirken bzw. ihre Entscheidung "*mit Bedingungen und Auflagen*" versehen (Art. 8 FusKontrVO).

Ein Überblick über die Verfahren der Zusammenschlußkontrolle nach § 24 GWB findet sich bei H. Berg (1992, S. 286). Es ist in Abbildung 15 wiedergegeben.

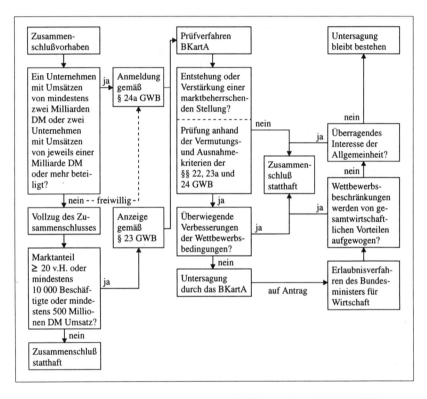

Abbildung 15: Verfahren der Zusammenschlußkontrolle nach § 24 GWB

142

11.3. Umfang der Fusionskontrollen

Von den Mitgliedsstaaten der *Europäischen Union* hatte Deutschland die am umfassendsten dokumentierte Fusionskontrollpolitik. Beim Bundeskartellamt wurden in den 21 Jahren von 1973, dem Beginn der Fusionskontrollpolitik, bis 1993 insgesamt 17 660 vollzogene Zusammenschlüsse angezeigt (vgl. Abbildung 16).

Jahr	Zusammenschlüsse
1973	34
1974	294
1975	445
1976	453
1977	554
1978	558
1979	602
1980	635
1981	618
1982	603
1983	506
1984	575
1985	709
1986	802
1987	887
1988	1 159
1989	1 414
1990	1 548
1991	2 007
1992	1 743
1993	1 514
Gesamt 1973–1993	17 660

Abbildung 16: Vollzogene Zusammenschlüsse 1973–1993 nach Jahren

Quelle: *Bundeskartellamt* 1991/92, S. 147. Zahlen für 1993 nach telefonischer Auskunft.

Von den bis 1992 angezeigten und vom Kartellamt dokumentierten Fusionen waren 11 687 horizontale Zusammenschlüsse, darunter 2 656 Konzentrationsvorgänge, die über Produktausweitungen in benachbarte Märkte vorstießen. Es gab 1 816 vertikale und 2 643 konglomerate Fusionen.

Als Gründe für den seit Mitte der 80er Jahre zu beobachtenden Anstiegs der Zahl der Fusionen werden folgende Ereignisse genannt:

– Die durch die *Einheitliche Europäische Akte* Mitte der 80er Jahre unumkehrbar gewordene Politik der Europäischen Gemeinschaft, einen *gemeinsamen Binnenmarkt* zu schaffen. Die allgemein erwartete Wettbewerbsintensivierung führte zu vermehrten Zusammenschlüssen, mit denen die Unternehmen ihre Präsenz in den Regionen des gemeinsamen Binnenmarktes absichern wollten (Tolksdorf 1991, S. 73 ff.).

– Die *deutsche Einigung*, die seit 1990 über die Privatisierungspolitik der Treuhandanstalt zu zahlreichen Verkäufen von Unternehmen der neuen Bundesländer an deutsche und ausländische Käufer führte. Da die Käufer ihrerseits Unternehmen waren, wurden die Vorgänge zu Recht als Zusammenschlüsse registriert.

Gemessen an den mehr als 16 000 registrierten Fusionen (wozu allerdings Tausende von Bagatellfällen zählen) waren die im beobachteten Zeitraum laut Tätigkeitsbericht des *Bundeskartellamtes* von (1991/92, S. 10) 101 untersagten Zusammenschlüsse bzw. Fusionsvorhaben zahlenmäßig sehr gering. Von diesen Untersagungen sind zudem nur 55 rechtskräftig geworden; zwei Verfahren sind noch nicht abgeschlossen. In 38 Fällen ist den Fusionspartnern endgültig Recht gegeben worden bzw. hatten sich die Fälle erledigt. In 44 Fällen sind Fusionen erlaubt worden, nachdem die Beteiligten bereit waren, wettbewerbsfördernde Auflagen des Bundeskartellamtes zu erfüllen. Bei 15 Fusionsvorgängen versuchten die Beteiligten, die nachträgliche Genehmigung ihrer verbotenen Fusion durch eine Ministererlaubnis zu erreichen. Dabei waren sie in zwei Fällen uneingeschränkt erfolgreich; in vier weiteren nach Auflagen und Bedingungen. Die anderen Bitten um Genehmigung wurden vom Minister abgelehnt.

11.4. Wettbewerbspolitische Bewertung

Kann man diese Fusionskontrollpolitik als erfolgreich ansehen? Die Antwort wird je nach wettbewerbspolitischer Bewertung unterschiedlich ausfallen. Es spricht jedoch viel dafür, die Wettbewerbspolitik in Gestalt von Gesetzgebung und Anwendungspraxis hätte erreicht, daß strukturverändernde, massiv wettbewerbsbeschränkende Riesenfusionen nicht mehr stattfanden. In den meisten Fällen wurden derartige "*Elefanten-Hochzeiten*" von vornherein nicht mehr geplant, weil sich keine ernsthaften Realisierungschancen mehr ergaben – weder in Verhandlungen mit dem Kartellamt, noch über eine Ministererlaubnis. Damit hätte die Wettbewerbspolitik eine *general-präventive Wirkung*, wie sie auch das Strafrecht trotz aller realen Verletzungen der Rechtsnormen besitzt.

Dagegen sprechen auch nicht die spektakulären Großfusionen der Jahre 1993/94 im Bereich des Handels, insbesondere die Übernahme von Hertie durch Karstadt und von Horten durch Kaufhof. Hier hatten die wettbewerbspolitischen Untersuchungen ergeben, daß trotz der Fusionen deutlich geringere Marktanteile als 25 Prozent begründet wurden, wodurch keine marktbeherrschenden Verhaltensspielräume gewonnen werden konnten.

Neben diesen mehr volkswirtschaftlichen Betrachtungen ist bei der Bewertung auch daran zu erinnern, daß eine Fusionskontrolle auch betriebswirtschaftliche Vorteile im Interesse der verhinderten Zusammenschluß-Partner bringen kann: "Die meisten Unternehmenszusammenschlüsse werden mit der Erwartung positiver Synergieeffekte begründet. Ein größeres Marktvolumen soll entstehen, die neue Gesellschaft soll rationeller am Markt operieren, und die Vertriebswege sollen gemeinsam besser arbeiten ... Die Praxis sieht jedoch häufig anders aus. Selten passen die Unternehmenskulturen der verschmolzenen Betriebe zusammen." (Zumbusch)

11.5. Fusionskontrollpolitik der Europäischen Union

Die Fusionskontrollpolitik der EU besteht erst seit kürzerer Zeit, so daß sich nur vorläufige Einschätzungen treffen lassen. Diese werden aus deutscher Sicht durch ein nicht spannungsfreies Zusammenwirken von Kartellamt und Kommission geprägt: Die von der Kommission geprüften Zusammenschlußvorhaben sind wegen des Vorrangs des Gemeinschaftsrechts der deutschen kartellbehördlichen Überprüfung entzogen. Eine Ausnahme davon bildet nur Art. 9 FusKontrVO. Auf dieser Rechtsgrundlage kann die Kommission den Fusionsfall an denjenigen Einzelstaat zur weiteren Behandlung überweisen, der ihr gegenüber geltend gemacht hatte, daß der wirksame Wettbewerb durch die geplante Fusion besonders auf seinem Territorium erheblich behindert werden würde.

Ablauf der EU-Fusionskontrolle

Im "XXIII. Bericht der Kommission über die Wettbewerbspolitik (1993)" stellte die Kommission der EG die Schritte dar, die sie in dem für sie neuen Territorium der europäischen Zusammenschlußkontrolle vorzunehmen hatte, um in den Prozeß der Unternehmenskonzentration durch Verbote oder durch wettbewerbssichernde Auflagen einzugreifen.

Der *erste Prüfschritt* besteht in der Feststellung der "gemeinschaftsweiten Bedeutung" der Fusion. Dabei werden die weltweiten und gemeinschaftsweiten Gesamtumsätze ermittelt. Sind die Umsatzschwellen (Weltumsatz aller Beteiligten von mindestens fünf Milliarden ECU; gemeinschaftsweiter Umsatz bei mindestens zwei Fusionspartnern von jeweils mehr als 250 Mill. ECU) überschritten, kann die Kommission mit ihrer Kontrollpolitik fortfahren. Bei Unterschreiten der Grenzen bleiben die nationalen Wettbewerbsbehörden gefordert.

Der *zweite Prüfschritt* besteht in der sachgerechten "Berechnung der Umsatzschwellen", mit der beispielsweise öffentlicher und privater Sektor gleichbehandelt werden sollen. Die Kommission erläuterte das an der Fusion der deutschen "Kali und Salz AG" (K+S) mit der in Treuhandbesitz befindlichen "Mitteldeutschen Kali AG" (MdK). Hier wäre es für die Bestimmung der kritischen Umsatzgrenzen unangebracht, sämtliche Umsätze aller Treuhandunternehmen zu addieren, weil dann die Eingriffsschwelle in jedem Fall überschritten worden wäre. Die Treuhand verwaltete die ehemaligen "volkseigenen Betriebe" der DDR jedoch nur mit dem Ziel der Privatisierung und Sanierung als künftig eigenständige Unternehmen. Jeder Versuch, ein Treuhandunternehmen durch Verkauf an ein bestehendes Unternehmen zu privatisieren, hätte dann die Fusionskontrollpolitik der EU mit entsprechenden Verfahrensdauern in Gang gesetzt. Daher wurde nur der Umsatz der MdK, nicht der gesamten Treuhandanstalt berücksichtigt.

Der *dritte Prüfschritt* besteht in der Definition des Zusammenschlusses, wobei die Frage zu klären ist, ob die Fusion zur alleinigen Kontrolle durch den Käufer führt, oder ob ein Gemeinschaftsunternehmen mit gemeinsamer Kontrolle durch die Anteilseigner gebildet wird. Als Fusion im Sinne der Kontrollpolitik der EU gelten der Erwerb der alleinigen Kontrolle über das erworbene Unternehmen sowie die Bildung eines selbständigen Gemeinschaftsunternehmens ("Konzentratives Joint Venture"). Joint Ventures, deren Sinn darin besteht, den Wettbewerb zwischen den daran beteiligten Mutterunternehmen zu beschränken, werden nicht als Fusion, sondern möglicherweise als nach Art. 85 EWG-Vertrag verbotene Kartellersatzform behandelt.

Nach diesen einleitenden drei Prüfschritten folgt die sachliche Beurteilung des Fusionsvorganges mit dem Ziel,

– entweder die Fusion zu untersagen,

– oder sie mit wettbewerbsschützenden Auflagen zu gestatten,

– oder festzustellen, daß der untersuchte Zusammenschlußvorgang mit dem gemeinsamen Markt vereinbar ist, so daß seine Durchführung zu gestatten ist.

Bei der Beurteilung untersucht die Kommission den *"sachlich relevanten Produktmarkt"*, zu dem "alle jene Erzeugnisse gehören, die vom Verbraucher hinsichtlich ihrer Eigenschaften, Preise und ihres vorgesehenen Verwendungszwecks als austauschbar oder substituierbar angesehen werden." (Kommission der EG, S. 197)

Weiterhin wird der *"geographisch relevante Markt"* als Gebiet, "auf dem die betroffenen Unternehmen als Anbieter oder Nachfrager von Waren oder Dienstleistungen auftreten, in dem die Wettbewerbsbedingungen hinreichend homogen sind und das sich von den benachbarten Gebieten unterschiedet" (Kommission der EG, S. 199), bestimmt.

Nach diesen Marktabgrenzungen nimmt die Kommission als abschließende Handlung die eigentliche *"Beurteilung der Vereinbarkeit der Fusionsvorhaben"* vor. Kommt sie zum Ergebnis, daß der Unternehmenszusammenschluß Marktbeherrschung begründet oder verstärkt, "durch die wirksamer Wettbewerb im gemeinsamen Markt erheblich behindert wird" (Art. 2 Abs. 3 FusKontrVO), dann erklärt die Kommission der EG den Vorgang "für unvereinbar mit dem gemeinsamen Markt." Damit ist dieser Zusammenschluß auf dem Gebiet der *Europäischen Union* verboten.

Umfang der EU-Fusionskontrollen

Angesichts der generellen Vermutung, die Kommission würde eher industriepolitische Förderung als wettbewerbspolitische Kontrolle betreiben, wurden Befürchtungen laut, wonach die strengere Politik des Kartellamtes in Fusionskontrollverfahren aufgeweicht werden könnte.

Beispiel:
Die Deutsche Telekom, der Bertelsmann Konzern und der Filmhändler Leo Kirch gründeten eine "Media Service GmbH" mit dem Ziel, für Fernsehanbieter die technische und betriebliche Abwicklung von neuen, digitalen Fernsehangeboten zu übernehmen. Das Bundeskartellamt befürchtete, daß dieses Gemeinschaftsunternehmen die marktbeherrschende Stellung der Telekom weiter verstärken würde, so daß ein Fusionsverbot nicht ausgeschlossen war. Daraufhin stellte die Vertragspartner den Fusionsantrag bei der Europäischen Kommission, von dem das Kartellamt nur in Kopie Kenntnis erhielt. (Handelsblatt, 14.6.1994)

Diese Befürchtung führte u. a. zu Bemühungen, die Wettbewerbspolitik der EU aus den Händen einer politischen Instanz, der Kommission der Union, wegzunehmen und einer rechtlich verpflichteten Behörde, einem *Europäischen Kartellamt*, anzuvertrauen. Der politische Druck, einer wettbewerbswidrigen, aber von Einzelstaaten aus Gründen der Industriestruktur gewünschten Großfusion zuzustimmen, sollte dadurch neutralisiert werden, daß eine wie das Bundeskartellamt allein der Rechtsordnung verpflichtete Behörde die Wettbewerbspolitik betreibt. Die Diskussion darüber ist noch nicht abgeschlossen.

Die bisherige klare Zuständigkeitsabgrenzung von EU- und nationalem Fusionskontrollrecht (die EU untersucht nur Großfusionen von Beteiligten mit mehr als fünf Milliarden ECU Jahresumsatz) sollte durch Revision der Kontrollpraxis mit dem Ziel überprüft werden, diese Schwelle auf zwei Milliarden ECU abzusenken. Damit würden weitere Fusionen in den Zuständigkeitsbereich der *Kommission* fallen, während sich das *Bundeskartellamt* weitgehend mit Bagatellfällen abgeben dürfte. Die 1994 durchgeführte Überprüfung bestätigte allerdings den alten hohen Grenzwert.

Vom 21.9.1990, dem Inkrafttreten der EU-Fusionskontrolle, bis zum 31.12.1992 wurden der *Kommission* 133 Zusammenschlußvorhaben gemeldet; zu 37 Prozent waren daran französische, zu 30 Prozent britische und 26 Prozent deutsche Unternehmen beteiligt.

In zehn Fällen stellte die *Kommission* fest, daß Anlaß zu ernsthaften Bedenken hinsichtlich der Vereinbarkeit des Zusammenschlusses mit dem *gemeinsamen Markt* bestand. Davon wurden sechs Fälle unter Auflagen genehmigt, in zwei Fällen konnten die Bedenken von den Antragstellern ausgeräumt werden, ein Fall wurde zurückgenommen und eine Fusion wurde untersagt. Diese betraf den Zusammenschluß von ATR, einer gemeinsamen Tochterfirma von Aérospatiale und Alenia (Frankreich), mit dem britischen Unternehmen de Havilland. Die Kommission sah als erwiesen an, daß dadurch eine marktbeherrschende Stellung in der EU und auf dem Weltmarkt für regionale Turboprop-Flugzeuge mit der Transportkapazität von 20 bis 70 Sitzplätzen entstünde (*Bundeskartellamt* 1991/ 1992, S. 66 f.)

Obwohl es für eine abschließende Bewertung noch zu früh ist, muß darauf hingewiesen werden, daß eine Wirtschaftsunion von Marktwirtschaften einer gemeinsamen Wettbewerbspolitik zur Sicherung wettbewerblicher Marktstrukturen bedarf. Da andererseits viele EU-Mitgliedsstaaten über keine eigenständige Fusionskontrollpolitik verfügen, ist die EU-Zusammenschlußkontrolle die einzige, wenn auch nicht sehr strenge, Grundlage einer derartigen Politik.

11.6. Fusionskontrollpolitik der USA

Die USA verfügen über die längste Erfahrung bei der Durchführung von Kontrollen über Unternehmenszusammenschlüsse. Die Rechtsgrundlagen sind, wie oben bereits erwähnt,

- der *Sherman Antitrust Act* von 1890 im Hinblick auf Fusionen, wenn diese Verträge, Vereinbarungen oder Absprachen, die den Handel beschränken, darstellen; insbesondere jedoch
- der *Clayton Act* von 1914, der Zusammenschlüsse verbietet, deren Wirkung darin besteht, daß der Wettbewerb wesentlich verringert oder auf die Begründung eines Monopols hingewirkt wird.

Die wettbewerbspolitische Behörde, die diese Gesetze anwendet, ist in erster Linie die Antitrust-Abteilung des Justizministeriums. Zu einem geringeren Teil wird die "*Federal Trade Commission*" tätig.

Fusionsrichtlinien

Die Antitrust-Abteilung hatte im Interesse von Rechtsklarheit für alle Beteiligten bei Zusammenschlußvorhaben sogenannte *Fusionsrichtlinien* (*Merger Guidelines*) veröffentlicht. Die ersten Richtlinien entstanden 1968 und waren sehr stark von der damals herrschenden Konzeption des *funktionsfähigen* Wettbewerbs geprägt. Angesichts hoher Konzentrationsgrade herrschte zu der Zeit die Meinung vor, daß weitere Zusammenschlüsse, insbesondere solche in horizontaler Richtung, sehr streng begutachtet werden müßten. Zusätzliche Verdichtungen der Marktstrukturen könnten nur noch wettbewerbsbeschränkende Verhaltensweisen und damit schlechte Marktergebnisse provozieren.

Der Paradigmensprung in der Wettbewerbstheorie, insbesondere die *Chicago School of Antitrust*, brachte eine veränderte Wettbewerbspolitik hervor. Diese äußerte sich in einer völligen Neufassung der dann seit 1984 geltenden Fusionsrichtlinien. Substantielle Änderungen, die gegenüber 1968 Fusionen eher erleichtern sollen, sind dabei hinsichtlich folgender Aspekte festzustellen:

- *flexiblere* Marktabgrenzungen;
- geringere Bedeutung von Marktanteilen und *Konzentrationsraten*;
- ausdrückliche Einbeziehung des *Auslandswettbewerbs*;
- Berücksichtigung von erwarteten *positiven Marktergebnissen* im Hinblick auf Produktivitätserhöhungen als Folge einer Fusion;

– eine faktische Nichtanwendung von Fusionsverboten in den Fällen, in denen *konkursbedrohte* Unternehmen aufgekauft und in einen Konzern eingegliedert werden (*"failing company doctrine"*).

Damit hatte sich das klassische Paradigma der Entwicklungstheorie in den Mittelpunkt gestellt. Fusionen sind somit Aspekte eines ständigen wettbewerblichen Suchens nach besseren Organisationsformen und höherer wirtschaftlicher Leistung. Die Gefahr nachhaltiger Wettbewerbsbeschränkungen ergebe sich nicht, weil jedes noch so große Unternehmen einem ständigen Angriff auf seine Marktpositionen ausgesetzt sei.

Aus Sicht des deutschen *Forschungsinstituts für Wirtschaftsverfassung und Wettbewerb* (FIW), das eine wettbewerbspolitische Position einnimmt, die der des *Bundesverbandes der Deutschen Industrie* (BDI) nahesteht, verdienten die geänderten 84er Fusionsrichtlinien der USA Aufmerksamkeit auch in Deutschland und der EU. Schließlich seien sie "realitätsbezogener", gewährten einen "breiten Spielraum für die Berücksichtigung spezifischer Wettbewerbsbedingungen", zögen den Auslandswettbewerb explizit in die Politik ein und würden nicht mehr so stark auf die Konzentrationsraten achten. (FIW-Dokumentation: Vorwort)

Ablauf der US-Fusionskontrolle

Der erste Schritt der Fusionskontrolle ist die Ermittlung des relevanten Marktes, dessen Wettbewerbsverhältnisse durch den Zusammenschluß verändert werden. Als Test stellt sich die Antitrust-Abteilung einen fiktiven Monopolisten vor und fragt, ob dieser eine Preiserhöhung für ein Produkt durchsetzen könnte, ohne daß die Nachfrager auf ein vergleichbares Produkt auswichen. Alle möglichen Ausweichprodukte werden dem relevanten Markt zugehörig angesehen. Alle anderen Produkte, die sie nicht stattdessen kaufen würden, sondern deren Preiserhöhung sie hinnehmen würden, gehörten dem relevanten Markt nicht an.

Bei der Beurteilung horizontaler Fusionen geht die Antitrust-Abteilung gemäß den Fusionsrichtlinien davon aus, daß "Marktmacht eine Funktion der Zahl der Unternehmen und ihrer jeweiligen Marktanteile" ist. Zur Interpretation der Marktlage wird der *Herfindahl-Index* (H) herangezogen. Dabei unterscheidet man zwischen nicht-konzentrierten Bereichen (H kleiner 1 000), mäßig konzentrierten (H zwischen 1 000 und 1 800) und hoch konzentrierten (H über 1 800). Aufgegriffen werden Fusionen bei H größer 1 000, wobei anfangs sehr deutliche Erhöhungen des Herfindahl-Index erforderlich sind, um ein Fusionsverbot erwarten zu lassen.

Der Herfindahl-Index zeichnet ein Gegenwartsbild der Konzentrationsgrades. Angesichts des klassischen Wettbewerbsparadigmas stehen jedoch die künftigen Entwicklungen im Mittelpunkt der Betrachtung. Zwangsläufig hypothetische Einschätzungen künftiger Marktentwicklungen beeinflussen die endgültigen Entscheidungen der Antitrust-Abteilung maßgeblich.

Es werden weitere Marktdaten berücksichtigt, u. a. die Wahrscheinlichkeit, daß Marktführerschaft entsteht bzw. der Marktzutritt negativ beeinflußt wird. Schließlich sind die *positiven Wirkungen der Fusion* zu betrachten: "The primary benefit of mergers to the economy is their efficiency enhancing potential, which can increase the competitiveness of firms and result in lower prices to consumers." (Punkt 3.5 der Fusionsrichtlinien, der besonders deutlich den Geist der *Chicago School of Antitrust* wiedergibt.)

12. Mißbrauchskontrolle über Marktbeherrscher

Die Mißbrauchskontrolle ist eine wettbewerbspolitische Überwachung und Korrektur des Verhaltens von Marktbeherrschern (aber auch von zugelassenen Kartellen). Diese Kontrolle baut auf für sie gegebenen Marktstrukturen auf, die sie mit ihrer Verhaltensaufsicht nicht verändert. Das unterscheidet diese Politik wesentlich von den Ex-ante-Struktureingriffen der Fusionskontrolle und den Ex-post-Eingriffen der Entflechtung.

Hierzu hatte das *Bundeskartellamt* festgestellt: "Die kartellbehördliche Mißbrauchsaufsicht als nachträgliche Verhaltenskontrolle bereits marktbeherrschender Unternehmen stellt zwar keinen Ersatz für funktionsfähigen Wettbewerb dar, ist jedoch solange unentbehrlich, wie rechtliche Möglichkeiten zur Entflechtung bestehender Machtpositionen nicht gegeben sind." (1973, S. 5)

12.1. Mißbrauch und Marktmacht

Eingriffsvoraussetzung ist die *"marktbeherrschende Stellung"*. Diese muß auf die gleiche Weise wie bei der Anwendung von Zusammenschlußkontrollen ermittelt werden. Dabei entstehen die gewohnten Probleme einer zweifelsfreien Abgrenzung des relevanten Marktes und der Ermittlung der Marktanteile (Absolute Konzentrationsraten).

Unternehmen mit einer starken Marktposition werden versuchen, diese zu ihren Gunsten auszunutzen. Das ist unstrittig dann eine wettbewerblich zulässige, nahezu erwünschte Verhaltensweise, wenn man ein Pionierunternehmen betrachtet, das mit seinen Innovationen einen Markt erschlossen hat und hier als *Schumpeter-Monopolist* bis zum Auftreten der imitierenden Konkurrenten erhebliche Gewinne einfahren kann. Diese sollen für Kosten und Risiken der Produktentwicklung entschädigen und gleichzeitig im Interesse der Wettbewerbsdynamik anderen Unternehmen ein Anreiz sein, in den offenkundig profitablen Markt einzudringen.

Davon zu unterscheiden sind alle Maßnahmen, die einen *Mißbrauch* dieser beherrschenden Stellung darstellen. Um hier wettbewerbspolitisch eingreifen zu können, wird man diejenigen Verhaltensmuster definieren und am Markt nachweisen müssen, die den (erlaubten) Gebrauch der Macht zum (unerlaubten) Mißbrauch machen.

Theoretische Grundlagen

Die Hinweise der Wettbewerbstheorie sind an dieser Stelle sehr hilfreich. Hat nicht die Neoklassik mit der Konzeption des *funktionsfähigen* Wettbewerbs bei der Auflistung wettbewerblichen Marktverhaltens deutlich gemacht, auf welche Verhaltensweisen geachtet werden muß? Wie setzen die Unternehmen ihre *Aktionsparameter* ein? Entwickeln sie ein Interesse, mit *ihrer Preisgestaltung, ihrem Mengenwettbewerb*, andere Wettbewerber zu behindern – oder suchen sie weiterhin den Erfolg auf umkämpften Märkten? Neigen sie dazu, sich in ihrem Wettbewerbsverhalten zu beschränken, die Märkte zu schließen, andere zu verdrängen?

Wenige Differenzen gibt es hier zu den Fragestellungen der klassisch orientierten Systemtheorie, die dann Mißbrauch feststellen wird, wenn die Marktbeherrscher die Wettbewerbsfreiheit anderer Unternehmer *unbillig einschränken*. Die klassische Freiheitssicherung und die neoklassische Abwehr von Behinderung und Verdrängung laufen in der Praxis weitgehend auf dasselbe hinaus. Anders als bei den Struktureingriffen hat die Wettbewerbstheorie bei der Verhaltensaufsicht kaum konzeptionelle Probleme. Diese entstehen allerdings bei starker Kontrolldichte. Der punktuelle Eingriff zur Abwehr von Behinderungen soll zu keiner ständigen Verhaltensüberwachung werden, für die es keine angemessene marktwirtschaftliche Rechtfertigung gibt.

12.2. Tatbestände des Mißbrauchs

Das theoretische Verständnis von den Zusammenhängen der unternehmerischen Verhaltensmuster prägte folgerichtig die Wettbewerbsgesetze, die die Grundlage für die wettbewerbspolitische Mißbrauchsaufsicht sind.

Das GWB definiert den Verhaltensmißbrauch in § 22 Abs. 4. Danach liegt ein Mißbrauch vor, wenn ein Marktbeherrscher als Anbieter oder als Nachfrager

– die Wettbewerbsmöglichkeiten anderer Unternehmen in einer für den Wettbewerb am Markt erheblichen Weise ohne sachlich gerechtfertigten Grund beeinträchtigt;

– Entgelte fordert, die von denjenigen abweichen, die sich bei wirksamem Wettbewerb mit hoher Wahrscheinlichkeit ergeben würden;

– ungünstigere Entgelte fordert, als sie das marktbeherrschende Unternehmen selbst auf vergleichbaren Märkten fordert.

Im Rückschluß kann man sagen, daß diese Verhaltensweisen keine wettbewerbspolitischen Probleme aufwerfen, wenn sie ein im Wettbewerb befindliches Unternehmen anzuwenden versucht. Es ist zu erwarten, daß ein Wettbewerber nicht über die erforderliche Macht verfügt, um beispielsweise die Wettbewerbsmöglichkeiten seiner Konkurrenz erheblich beeinträchtigen zu können.

Die Wettbewerbspolitik ging daher noch einen Schritt weiter, indem sie festlegte, daß Marktbeherrscher bestimmte Wettbewerbshandlungen nicht praktizieren dürfen, obwohl diese grundsätzlich für jeden Marktteilnehmer legitim sind. Dazu gehören gemäß § 26 GWB

– ein *allgemeines Diskriminierungsverbot*; Marktbeherrscher dürfen demnach kein Unternehmen unterschiedlich behandeln;

– ein *allgemeines Behinderungsverbot*;

– ein *allgemeines Verbot, Partnermacht mißbräuchlich zu nutzen*, das heißt, abhängige Unternehmen dürfen weder behindert noch diskriminiert werden;

– ein *allgemeines Verbot*, ohne gerechtfertigten Grund *Vorzugsbedingungen zu erzwingen*;

– ein *allgemeines Verbot* für Unternehmen ohne umfassende Marktmacht, aber mit starker Stellung gegenüber kleinen und mittleren Unternehmen, "solche *Wettbewerber unmittelbar oder mittelbar unbillig zu behindern.*" (§ 26 Abs. 4 GWB)

Hinzu kommt, daß die in einem früheren Kapitel dargestellten, grundsätzlich erlaubten *Abschlußbindungen* wettbewerbsrechtlich sehr streng untersucht werden, wenn einer der Beteiligten Marktbeherrscher ist. In diesen Fällen wird eine an sich akzeptable Ausschließlichkeitsbindung schnell zur mißbräuchlichen Behinderung.

In ähnlicher Weise definiert die EU den Mißbrauch der marktbeherrschenden Stellung. In Art. 86 EWG-Vertrag erklärt die Union, daß die mißbräuchliche

Ausnutzung einer marktbeherrschenden Stellung "mit dem Gemeinsamen Markt unvereinbar und verboten ist, soweit dies dazu führen kann, den Handel zwischen Mitgliedsstaaten zu beeinträchtigen."

Fallbeispiele nach europäischem Recht sind:

– die Erzwingung unangemessener Preise;

– Einschränkungen von Erzeugung, Absatz und technischer Entwicklung;

– die Diskriminierung von Wettbewerbern, sofern diese dadurch benachteiligt werden;

– der Zwang zu handelsunüblichen Koppelungsgeschäften.

12.3. Behinderungs- und Ausbeutungsmißbrauch

Die Analyse der Mißbrauchstatbestände läßt eine grundsätzliche *Zweiteilung des Verhaltensmißbrauchs* zu, die in Deutschland die Grundlage der Berichterstattung von Kartellamt und Monopolkommission ist:

1. *Behinderungsmißbrauch.* Er beeinträchtigt in "horizontaler Sicht" die Wettbewerbsfreiheit der meist kleineren und schwächeren Konkurrenten.

Beispiel:
Das Bundeskartellamt berichtete von der Weigerung der "Brown Boveri-York Kälte- und Klimatechnik GmbH" (BBY), kleinere Unternehmen des Kälteanlagenbauer-Handwerks mit Ersatzteilen von BBY-Großkälteanlagen zu beliefern. Da BBY eine marktbeherrschende Stellung hatte, wurden zahlreiche Handwerksbetriebe am Zugang zum Markt für Reparaturleistungen gehindert, weil sie keine Ersatzteile kaufen durften. Hier mußten die Interessen von BBY an ordnungsgemäßen Reparaturen und an der Bindung aller Kunden an BBY als ursprünglichem Lieferanten auch für Reparaturen abgewogen werden gegen die Interessen kleinerer Unternehmen am Zugang zum Markt. Das Bundeskartellamt hatte BBY verpflichtet zu liefern. Als sich herausstellte, daß die Handwerker tatsächlich andere Bezugsquellen erschließen konnten und somit nicht behindert waren, wurde die Belieferungspflicht wieder aufgehoben. (1989/90, S. 27)

2. *Ausbeutungsmißbrauch.* Er führt in "vertikaler Sicht" dazu, daß die Abnehmer einen höheren als marktüblichen Preis bezahlen müssen; in Höhe dieser Preis-

differenz werden sie vom Marktbeherrscher "ausgebeutet". Dasselbe gilt umgekehrt für marktbeherrschende Nachfrager, die die Einkaufspreise stärker drücken, als es nach den Marktgegebenheiten bei Wettbewerb möglich gewesen wäre.

Beispiel:
Die Monopolkommission berichtete von den Verfahren gegen Großunternehmen der Mineralölwirtschaft. Das Bundeskartellamt hatte diese Unternehmen zumindest auf regionalen Teilmärkten (konkret im Hamburg) insgesamt als marktbeherrschend angesehen. Die Konzentrationsrate CR (5) lag über 60 Prozent. Im Zusammenhang mit dem Golf-Krieg 1990 hatten die Unternehmen die Benzinpreise drastisch erhöht. Das Kartellamt verglich diese Preiserhöhungen mit denen auf anderen Märkten sowie mit der Preisentwicklung der Beschaffungspreise. Da beide Vergleichsmärkte erheblich geringere Steigerungsraten aufwiesen, sah das Kartellamt in der überhöhten Preissteigerung in Hamburg eine Ausbeutung der vom marktbeherrschenden Anbieter-Oligopol abhängigen Verbraucher und ordnete Preissenkungen an. Diese Mißbrauchsverfügung wurde von der Rechtsinstanz (Kammergericht in Berlin) aufgehoben. Das Kartellamt wurde kritisiert, keine zutreffende Marktabgrenzung vorgenommen, ungeeignete Vergleichsmärkte gewählt und die Preishöhe nicht korrekt ermittelt zu haben. Zudem stellte das Gericht fest, daß ein Eingriff in die Preisgestaltung von Unternehmen in einer Marktwirtschaft derart massiv sei, daß höchste Anforderungen an die Begründungen gestellt werden müßten. (1990/91, S. 242)

12.4. Praktische Bedeutung der Mißbrauchsaufsicht

Die vom Bundeskartellamt nach § 22 GWB durchgeführte Mißbrauchsaufsicht über marktbeherrschende Unternehmen entwickelte sich wie in Abbildung 17 dargestellt.

Zu diesen Verfahren kommen noch weitere mit regionaler Bedeutung, die von den Kartellämtern der Bundesländer eingeleitet wurden.

Der Rückgang der Mißbrauchsverfahren ist aus Sicht des Bundeskartellamts strukturell begründet. Wettbewerblich günstige Marktstrukturen führten – ganz nach dem Argumentationsmuster des *funktionsfähigen* Wettbewerbs – zu entsprechend wettbewerblichen Verhaltensweisen.

Zeitraum	Eingeleitete Verfahren
1973/75	341
1976/77	68
1978/79	46
1980/81	48
1982/83	69
1984/85	30
1986/87	14
1988/89	7
1990	6
1991	15
1992	22
1973–1992 insgesamt	666

Abbildung 17: Eingeleitete Verfahren gegen den Mißbrauch von Marktbeherr-schung in Deutschland

Zu diesen *Strukturelementen* gehörte die damals anhaltend günstige Konjunktur. Gute Absatzchancen nach der Überwindung der Ölkrise von 1979–1981 stimu-lierten Verhaltensweisen, die die Dynamik des Wettbewerbs anregten. Weiterhin gehörten dazu "die zunehmende Internationalisierung und Integration der Märkte; die nur in wenigen Bereichen Raum für wettbewerbliche Verkrustungen" ließen (1991/92, S. 29).

Damit beobachtete das *Bundeskartellamt* eine Marktentwicklung, wie sie die Kommission der EG 1994 in einer Einschätzung der Entwicklung des 1993 vollendeten gemeinsamen Binnenmarktes nach einem Bericht des Handelsblattes (18./19.3.1994) feststellte: "Diese europäische Dimension habe einen tiefgreifen-den Einfluß auf die Wirtschaftstätigkeit. Fast alle Unternehmen berichteten, daß sich der Wettbewerb verschärft und sie zur Herstellung neuer Produkte und zur Verbesserung der Wirtschaftlichkeit gezwungen habe."

Diese Erfahrungen hatten auch dazu beigetragen, daß sich die Fusionen im Zusammenhang mit der Herausbildung des gemeinsamen Binnenmarktes zahlen-mäßig erhöhten, weil sich Unternehmen durch Zukauf von entsprechenden Be-trieben unmittelbar in den erweiterten europäischen Binnenmarkt hineinbegaben.

Die geringe Zunahme von Mißbrauchsverfahren zu Beginn der 90er Jahre ist auf Sondereinflüsse zurückzuführen:

– auf den *Golfkrieg*, der Verfahren wegen Preismißbrauchs erforderlich machte;

– auf die *deutsche Vereinigung*, die das Bundeskartellamt veranlaßte, Aufgaben der Landeskartellbehörden wahrzunehmen, bis diese sich in den neuen Bundesländern bilden konnten;

– auf einige Mißbrauchsverfahren, die Folge der *Strukturbrüche* durch Wegfall zahlreicher Anbieter der früheren "Volkseigenen Betriebe" in den neuen Bundesländern waren, und die nicht mehr notwendig sein werden, wenn sich dort allgemein wettbewerbliche Strukturen herausgebildet haben.

Europäische Mißbrauchsverfahren

Auf europäischer Ebene sind die Verfahren zur Kontrolle der mißbräuchlichen Ausnutzung einer marktbeherrschenden Stellung nach Art 86 EWG-Vertrag ebenfalls selten. Im Zeitraum 1989/90 erließ die Kommission zwei, 1991/92 eine Mißbrauchsverfügung, wobei noch vier weitere Verfahren hinzukamen, in denen gleichzeitig das Kartellverbot des Art. 85 EWG-Vertrag mit angewandt wurde.

Das *Bundeskartellamt* stellte in diesem Zusammenhang einen von der Kommission angegriffenen und mit einem Bußgeld belegten Behinderungsfall vor, der sich gegen "eintrittsverhindernde Preise (Limit-Pricing)" der AKZO Chemie B.V., eines großen Chemie-Konzerns, richtete und die folgende wettbewerbspolitische Bewertung erfuhr: "Artikel 86 EWGV verbietet es marktbeherrschenden Unternehmen, in der Absicht, Wettbewerber am Marktzugang zu hindern, zu Preisen anzubieten, die zwischen ihren variablen und den gesamten Durchschnittskosten liegen." (1991/92, S. 64)

Auf einen oben erwähnten Fall einer Kontrolle mißbräuchlichen Marktverhaltens soll hier als Besonderheit der europäischen Wettbewerbspolitik hingewiesen werden. *Kommission* und *Europäischer Gerichtshof* vertraten die Auffassung, daß ein marktbeherrschendes Unternehmen mißbräuchlich im Sinne von Art. 86 EWG-Vertrag handele, wenn es einen kleineren Konkurrenten aufkauft und damit seine marktbeherrschende Position weiter verstärkt. Die Folge wäre, daß der "erreichte Beherrschungsgrad den Wettbewerb wesentlich behindere, so daß die auf dem Markt noch verbleibenden Unternehmen in ihrem Marktverhalten von dem beherrschenden Unternehmen abhingen." (*Bundeskartellamt* 1973, S. 121)

Insofern hängen Kartellverbot und Mißbrauchsaufsicht einschließlich Fusionskontrolle zusammen: Eine Beeinträchtigung des Wettbewerbs, die als Folge eines Kartells verboten sei, müsse genauso angegriffen werden, wenn sie Folge des Verhaltensmißbrauchs eines Marktbeherrschers ist. Dasselbe gelte, wenn diese Wettbewerbsbehinderung Folge eines Fusionsvorgangs ist.

Praktische Bedeutung hat diese Entscheidung jedoch nicht erlangt; auf jeden Fall war die Rechtskonstruktion, eine Fusion als Mißbrauch einer marktbeherrschenden Stellung zu sehen, kein Ersatz für eine eigenständige Fusionskontrollpolitik.

Eine abschließende Einschätzung der Frage, inwieweit die Mißbrauchsaufsicht die Dynamik des Wettbewerbs schützen kann, geht in die Richtung der Bewertung der Fusionskontrolle. Es kommt danach nicht in erster Linie auf die absolute Zahl der Verfahren, als vielmehr auf die *allgemein präventive Vorfeldwirkung* an: "So würden Unternehmen beanstandete Verhaltensweisen häufig bereits nach einer ersten Konfrontation mit den Vorwürfen durch die Kartellbehörde aufgeben, um der damit verbundenen negativen Publizität zu entgehen." (Handelsblatt, 30.7.1992) Zumindest ist nach den gesetzlichen Regelungen und der entwickelten Fallpraxis klar, welche grob wettbewerbsschädigenden Verhaltensweisen untersagt sind. Sie dennoch anzuwenden heißt, neben negativer Öffentlichkeit ein kostspieliges Bußgeldverfahren und daran anschließend weitere Schadensersatzforderungen der Geschädigten in Kauf zu nehmen. Für Unternehmen, die auf Dauer erfolgreich am Markt tätig werden wollen, können mißbräuchliche Verhaltensweisen keine sinnvolle Handlungsebene sein.

13. Kontrollpolitik in "Ausnahmebereichen"

13.1. Natürliche Monopole

Die Wettbewerbstheorie hatte sich seit A. Smith und seiner Lehre von den "natürlichen Monopolen" mit dem Problem auseinanderzusetzen, daß es Bereiche in einer Volkswirtschaft geben kann, bei der wettbewerbliche Marktprozesse zu schlechten Marktergebnissen (überhöhte Preise, unzureichendes Angebot, schlechte Qualitäten) führen. Aus diesem Grund war es dann geboten, diese Wirtschaftsbereiche der Dynamik des Wettbewerbs zu entziehen. Stattdessen sollten die betreffenden Branchen

- entweder durch staatliche Lenkungseingriffe gesteuert werden ("*Regulierung*") oder
- einer *privatwirtschaftlichen*, wenn auch staatlich überwachten *Kontrolle* unterliegen.

Grundsätzlich betrifft diese Problematik nur einige Märkte (vgl. Kaysen und Turner, S. 189 f.), auf denen wegen besonderer struktureller Voraussetzungen

- Wettbewerb nicht existieren oder lange überleben kann und auf denen ohne Regulierung keine guten wettbewerblichen Marktergebnisse auftreten.

Beispiel:
Auf dem Markt für leitungsgebundene Energieversorgung würden bei Wettbewerb mehrere Anbieter von Elektrizität ihre jeweiligen firmeneigenen Leitungen legen, was die Gesamtlänge des Leitungsnetzes erheblich ausweiten und den Strompreis gegenüber einem Einheitsversorgungsnetz in die Höhe treiben müßte.

- aktiver Wettbewerb zwar besteht, aber die Marktergebnisse als Folge von Marktunvollkommenheiten nicht mehr hinreichend positiv beeinflußt.

Beispiel:
Bei der Herstellung von Kraftwerkanlagen können angesichts der Nachfrage nur sehr wenige Anbieter wirtschaftlich überleben, was den Wettbewerbsdruck unter ihnen erheblich verringert.

- Wettbewerb zwar möglich ist, aber aus politischen Gründen darauf verzichtet wird (*"politischer Ausnahmebereich"*).

Beispiel:
Angebot von Arbeitsvermittlungsleistungen ausschließlich durch ein staatliches Arbeitsamt.

Erwartete Marktergebnisse

Die Einschätzung über die zu erwartenden Wettbewerbsergebnisse bzw. die Entscheidung, ob eine Branche wegen dieser Gründe zum "Ausnahmebereich" erklärt wird, ist auch politisch motiviert und damit eine *Machtfrage*. Sehr häufig streben die betroffenen Unternehmen den Ausnahmebereich und damit den Schutz vor Wettbewerb von sich aus an. Regulierung wird bei aller Rhetorik über die Trennung von Staat und Wirtschaft und die Bedeutung der Dynamik des Wettbewerbs als das kleinere Übel geschätzt, zumal die Unternehmen damit in ihrem Sinne umzugehen gelernt haben. Staatliche Kontrolleure neigen erfahrungsgemäß dazu, in den Interessenstrukturen des Überwachungsbereichs zu denken, somit *"industry minded"* zu werden. Sie stellen den Schutz und die Überlebensfähigkeit der Unternehmen in den Mittelpunkt der Kontrollpraxis, was gleichzeitig gegen die Interessen der vor- bzw. nachgelagerten Wirtschaftsstufe (vielfach der Endverbraucher) geht.

Die auf eng oligopolistischen Märkten zu beobachtende große *"parametrische Interdependenz"* zwischen den wenigen Akteuren und damit die von den Betroffenen als solche wahrgenommene starke *Interessenkongruenz* findet sich auf regulierten Märkten zusätzlich zwischen den Unternehmen und ihren Kontrolleuren.

Bemühungen, die regulierten Wirtschaftsbereiche kritisch daraufhin zu überprüfen, ob sie sich der Wettbewerbsdynamik stellen und den vergoldeten Staatskäfig der Regulierung verlassen sollten, gingen praktisch nie von den regulierten Betrieben aus. Es waren die nachteilig Betroffenen, die Politik und die Wissenschaft, die die bohrenden Fragen nach der Sinnhaftigkeit der Ausnahmeregelungen stellten.

13.2. Die Ausnahmebereiche

Das GWB als Kompromiß zwischen unterschiedlichsten Interessen war einerseits mit dem allgemeinen Kartellverbot des § 1 sehr weit gegangen. Die Ausnahmen vom Kartellverbot (§§ 2–8 GWB) sowie die Bestimmung von Ausnahmebereichen der §§ 99 ff. GWB waren der Teilerfolg der Lobby, die einen zu starken Wettbewerb für unternehmensschädlich hielt. Ihr gelang es, die folgenden Ausnahmebereiche einzurichten:

– die *gesamte Verkehrswirtschaft* (§ 99 GWB), von den Omnibusunternehmen, über Bahnen, Lkw-Fernverkehr bis zu den Luftfahrtunternehmen;

– die *gesamte Landwirtschaft*, von der Stufe der Erzeuger bis zur Lagerung und zum Absatz (§ 100 GWB);

– die *gesamte Kreditwirtschaft*, von den Sparkassen bis zu den Großbanken, sowie die *gesamte Versicherungswirtschaft* (§ 102 GWB);

– *alle Verwertungsgesellschaften*, die Urheberrechte von Künstlern, Wissenschaftlern, Journalisten usw. wahrnehmen (§ 102a GWB);

– *alle Versorgungsunternehmen*, d. h. alle Betriebe, die Elektrizität, Gas oder Wasser herstellen und über feste Leitungen verkaufen (§ 103 und 103a GWB).

Ausnahmebereiche sind (bzw. waren) ebenfalls die staatlichen Betriebe, die teilweise politische Lenkungsaufgaben wahrnehmen, wie z. B. *Bundespost* und *Bundesbank*. Auch das staatliche *Branntweinmonopol* ist vor Wettbewerb geschützt.

In der letzten Zeit hat sich – fast unbemerkt von der Öffentlichkeit – ein weiterer Ausnahmebereich durch staatliche Gesetzgebung herausgebildet: Die *Entsorgungs-* oder *Abfallwirtschaft*. Es geht dabei um "Der Grüne Punkt – Duales System Deutschland – Gesellschaft für Abfallvermeidung und Sekundärrohstoffgewinnung mbh" (DS), das ein flächendeckendes, *monopolartiges System* der regelmäßigen Abholung gebrauchter Verkaufsverpackungen beim Endverbraucher aufgebaut hat. Am "Grünen Punkt" beteiligen sich als Lizenznehmer praktisch alle Unternehmen, die Waren an Endverbraucher liefern und die nach der Verpackungsverordnung sicherstellen müssen, daß die Verpackungen wertmäßig in den Stoffkreislauf zurückgeführt werden. Das DS ist wie ein Monopol organisiert; "Schuld daran ist eine Umweltpolitik, die Wettbewerb und Entsorgungssicherheit zu scheinbar unvereinbaren Gegensätzen gemacht hat." (Handelsblatt, 28.3.1994) Mit anderen Worten, das Bundeskartellamt hatte sich im Konflikt zwischen der schnellen Erzielung abfallpolitischer Erfolge und wettbewerbspolitischen Erfordernissen nicht durchsetzen können.

Ein weiterer faktischer Ausnahmebereich entsteht als Folge der Verpackungsverordnung derzeit (1994) auf dem Gebiet der Plastikverwertung: Die "DKR Gesellschaft für Kunststoffrecycling mbH", Köln, hat hier die beherrschende Position. Die nächste marktbeherrschende Position zeichnet sich auf dem Markt für Elektronik-Schrott ab. Der Zentralverband Elektrotechnik- und Elektronikindustrie (ZVEI) warnte "vor einer weiteren Monopolisierung in der Abfallwirtschaft." (Handelsblatt 29./30.4.1994) Hier gab es allerdings erhebliche Auseinandersetzungen mit dem Bundeskartellamt, das seine Niederlage beim DS nicht wiederholen wollte und kategorisch auf eine wettbewerbliche Marktstruktur drängte, die auch kleineren Mitbewerbern eine Chance geben sollte. Die DKR verlangte bislang erfolglos sogar nach einem "Ministerkartell" (§ 8 GWB), um gegen das *Bundeskartellamt* mit höchstem politischem Segen doch noch eine Ausnahmeregelung für sein monopolartiges Entsorgungssystem zu erhalten. (Riecke)

13.3. Formen der Lenkung

Der Schutz vor Wettbewerb besagt, daß die allgemeinen Regelungen des Kartellgesetzes, insbesondere Kartell- und Empfehlungsverbot, für diese Unternehmen nicht gelten. Da hier ja Wettbewerb unmöglich oder unerwünscht sein soll, muß statt der Lenkung über wettbewerbliche Marktprozesse als "unsichtbarer Hand" die sichtbare Hand der *staatlichen Regulierung* oder der *privatwirtschaftlichen Absprachen* handeln.

Letztere unterliegen der *kartellbehördlichen Mißbrauchskontrolle*. Das Kartellamt kann kritisch prüfen, ob die privatwirtschaftlich mit verbindlicher Wirkung ergriffenen Maßnahmen dem Gesetzeszweck entsprechen, eine geordnete Versorgung zu angemessenen Preisen zu gewährleisten. Durch Mißbrauchsverfügungen kann daher in die Vertragswerke zwischen den Unternehmen bzw. den Kommunen als Leistungsempfängern eingegriffen werden.

Zu diesen regelungsbedürftigen Tatbeständen zählt auch die *Kontrolle der vertraglich vereinbarten Monopolstellungen*. In der Versorgungswirtschaft wird vielfach nur ein leitungsbezogener Energieanbieter eine Region beliefern können. Entsprechend müssen durch *"Demarkationsverträge"* die Gebiete abgegrenzt und durch *"Konzessionsverträge"* die ausschließlichen Lieferrechte und -pflichten festgelegt werden.

Die Lenkung erfolgt in diesen Fällen über die marktregulierenden Maßnahmen der privaten Wirtschaft selbst, wobei die Mißbrauchsaufsicht des Staates eine

Ausbeutung vor- und nachgelagerter Wirtschaftsstufen, aber auch die Behinderung anderer Anbieter verhindern soll.

Die Lenkung wäre auch durch direkten staatlichen Eingriff zu leisten. Hier müßte der Staat die Preise festsetzen (z. B. die Luftverkehrstarife), die mengenmäßigen Angebote regeln (z. B. durch Regelung der Anflugrechte und -zeiten) und für die Qualität des Angebots sorgen (z. B. Formulierung und Überwachung von Sicherheitsnormen).

13.4. Wettbewerbswirkungen von Regulierungen

Die *Monopolkommission* hatte exemplarisch die Regulierung in der Verkehrswirtschaft analysiert und dabei die Argumente aufgeführt, die aus Sicht der Wettbewerbsbehörden einerseits und der betroffenen Industrie andererseits für und wider die Regulierung vorgebracht wurden. (1989/90, S. 317 ff.)

Die einzelnen Kritikpunkte sind nicht ohne weiteres auf andere regulierte Bereiche übertragbar. Die Argumentationsmuster sind andererseits hinreichend ähnlich, so daß die Betrachtung einer Branche viel über die anderen Ausnahmebereiche aussagt. Im konkreten Fall kommt die *Monopolkommission* zum Ergebnis, daß die kartellrechtliche Bevorzugung der Verkehrswirtschaft durch den § 99 GWB beseitigt ("*Deregulierung*") und stattdessen ein integrierter europäischer Verkehrsmarkt geschaffen werden sollte.

Die *Monopolkommission* begründet das damit, daß "die staatlichen und (kartellrechtlich) privilegierten privaten Wettbewerbsbeschränkungen beträchtliche volkswirtschaftliche Nachteile" verursachten (S. 310). Genannt werden folgende:

– die innerstaatlichen Verkehrsleistungen sind durch überhöhte Preise und Kosten geprägt;
– die Wahlmöglichkeiten zwischen alternativen Preisgestaltungen und Qualitäten sind unzureichend;
– es gibt eine zu geringe Innovationsbereitschaft, neue Transportangebote zu unterbreiten;
– die Transportströme werden zu Lasten der deutschen See- und Flughäfen sowie der deutschen Industrie verzerrt;
– eine weitergehende Spezialisierung nach dem Prinzip der komparativen Kostenvorteile zwischen den Ländern wird verhindert;
– die Verkehrsträger werden durch die Wettbewerbsbeschränkungen daran gehindert, ihre spezifischen Vorteile voll zur Geltung zu bringen;

– der Schutz der Bahn begünstigte überhöhte Preise und Kosten bei Schienenverkehrsleistungen. (Ebenda, S. 310)

Demgegenüber waren die Unternehmen der Verkehrswirtschaft davon überzeugt,

– daß die Bahnen ohne die sie begünstigenden Wettbewerbsbeschränkungen nicht überleben würden;
– daß die Märkte wegen der Tendenz zu Überkapazitäten zu ruinösen Preiskämpfen der Vollauslastung suchenden Unternehmen neigten;
– daß freier Wettbewerb zur Verdrängung kleinerer Verkehrsanbieter zugunsten marktbeherrschender Großunternehmen führen würde;
– daß die Preissenkungen als Folge der Deregulierung zu einem Mehraufkommen an Verkehr führen und damit die Verkehrsinfrastruktur überlasten würden;
– daß der Wettbewerbsdruck zu Kosteneinsparungen bei der Verkehrssicherheit führen müßte;
– daß sich Verkehrsverzerrungen zu Lasten der hochbesteuerten deutschen Verkehrswirtschaft ergeben müßten.

Alle Argumente sind einer kritischen wettbewerbspolitischen Widerlegung zugänglich. Als Beispiel sei auf das letzte Argument hingewiesen, wonach die hohen Steuern und scharfen Umweltauflagen das Problem seien und nicht "die durch staatliche und private Wettbewerbsbeschränkungen jahrzehntelang geförderten unternehmerischen Ineffizienzen. Unabdingbar, um die Wettbewerbsfähigkeit der deutschen Verkehrswirtschaft zu sichern, erscheint deshalb vorrangig eine Deregulierung des innerdeutschen Verkehrs." (Ebenda, S. 325) Mit anderen Worten, die Leistungs- und Innovationsfähigkeit eines Wirtschaftszweiges bestimme letztlich den Wettbewerbserfolg.

Dieses Argumentationsmuster erinnert an die wirtschaftspolitischen Debatten im Zusammenhang mit der wirtschaftlichen Vereinigung Deutschlands. Vier Jahrzehnte Sozialismus waren auch vier Jahrzehnte wettbewerbsfreier Planwirtschaft mit immer monströseren Unwirtschaftlichkeiten, die schließlich laut Eröffnungsbilanz der Treuhandanstalt die Volkswirtschaft der DDR in ihrer Gesamtheit zu einem Muster ohne Wert gemacht hatten.

Wettbewerb durch Deregulierung

Diese Gedanken wurden in leicht veränderter Form im Frühjahrsgutachten 1994 der wirtschaftswissenschaftlichen Konjunkturforschungsinstitute für Gesamtdeutschland aufgegriffen: Um zu mehr Wachstum, erhöhter internationaler Wettbewerbsfähigkeit und zur Sicherung von Arbeitsplätzen zu gelangen, müsse der

Staat die *Deregulierung* und *Flexibilisierung* in der Wirtschaft fördern. "Das gelte vor allem für die Monopole und Kartelle etwa in der Energiewirtschaft. Auch die von den Banken während der Rezession erwirtschafteten hohen Gewinne sprächen für mangelnden Wettbewerb." (Handelsblatt, 27.4.1994)

In ihrem Mitte 1994 veröffentlichten 10. Hauptgutachten beschrieb die *Monopolkommission* das für die nächsten Jahre vorzusehene Deregulierungsprogramm in Deutschland. Danach sollten in der Elektrizitäts- und Gaswirtschaft die *Demarkationsverträge* abgeschafft werden. Ziel sei, einem wettbewerblichen Angebot dieser leitungsgebundenen Energieträger einen größeren Raum zu schaffen, indem mehrere Anbieter in die jeweiligen Gebiete hineinliefern könnten.

Ebenso forderte die *Monopolkommission*, die *Ausschließlichkeitsbindungen in den Konzessionsverträgen* zwischen Kraftwerkbetreibern und Gemeinden abzuschaffen. Dadurch entstünde zumindest die Chance, daß Gemeinden preisweteren elektrischen Strom von anderen als den Konzessionsbetrieben einkaufen könnten. Ein derartiger potentieller Wettbewerb führte in vielen Fällen schnell zu wettbewerbsähnlichem Angebotsverhalten von Monopolisten, auch wenn tatsächlich kein weiterer Anbieter hinzutrat.

Zusätzlicher Wettbewerb werde nach Überzeugung der *Monopolkommission* entstehen, wenn dritte Anbieter gegen Entgelt die *Übertragungs- und Verteilungsnetze* von Strom- und Gasversorgern mitbenutzen dürften. Damit könnten Gemeinden oder Industrieunternehmen die benötigte elektrische Energie von jedem denkbaren Stromerzeuger über ein von allen nutzbares Leitungsnetz einkaufen, womit dieser Markt nicht mehr wie ein natürliches Monopol, sondern wettbewerblich strukturiert wäre.

Eine bemerkenswerte Deregulierung mit dem Ziel wirksameren Wettbewerbs gelang 1994 mit der Reform der Bahnen: Der Betrieb des Schienennetzes ging an ein eigenständiges Unternehmen, das die Schienennutzung an die Bahnbetriebsgesellschaft "Deutsche Bahnen AG" verkauft. Ein Angebot einer umfangreichen Schienennutzung unterbreitete dieses Unternehmen den neben der Deutschen Bahn AG bestehenden Privatbahnen (meist größerer Bergbau- und Industrieunternehmen), die damit gegen entsprechendes Entgelt den Zugang zum Schienennetz der ehemaligen Bundes- bzw. Reichsbahn für ihre jeweiligen Gütertransporte erhalten konnten.

13.5. Europa als Chance für mehr Wettbewerb?

Möglichkeiten und Notwendigkeiten, die Wettbewerbsdynamik trotz der angeblichen Existenz *natürlicher Monopole* zu fördern, hatte die deutsche Wettbewerbspolitik in der fünften Novellierung des GWB im Jahre 1990 grundsätzlich anerkannt und auch einige Veränderungen der die Ausnahmebereiche regelnden §§ 99 ff. GWB vorgenommen. In dieser Politik ist sicher ein Teilerfolg der sogenannten *Deregulierungskommission* zu sehen, die die Bundesregierung eingerichtet hatte, um wissenschaftliche Erkenntnisse über die Möglichkeiten eines intensiveren Wettbewerbs in den kartellrechtlichen Ausnahmebereichen zu erhalten.

Beginnende Deregulierung

Durch diese Novellierung wurde die kartellrechtliche Privilegierung der Verkehrswirtschaft eingeschränkt. Bei Banken und Versicherungen (§ 102 GWB) ist als Erfolg zu verbuchen, daß die Fachaufsichtsbehörden kein Recht mehr haben, ein Veto gegen wettbewerbsbelebende Verfügungen des Kartellamtes einzulegen. Gerade die Aufsichtsämter hatten ihre Aufgabe darin gesehen, die beaufsichtigten Unternehmen vor dem Wettbewerbsdruck zu schützen. Wettbewerbschancen sind nach dieser Novelle auch für die leitungsgebundene Energieversorgung (§ 103 GWB) wahrscheinlicher, weil jetzt ein Wettbewerb *"um"* Versorgungsgebiete entstehen kann, wenn schon der Wettbewerb *"in"* diesen Gebieten weiterhin ausgeschlossen wird.

Die *Monopolkommission* hatte in ihrer kritischen Würdigung der fünften Kartellrechtsnovelle jedoch hervorgehoben, daß die Gesetzesänderungen nur wenig praktische Relevanz hätten. Die Begründung war, daß die "Regelungen mittlerweile vom europäischen Gemeinschaftsrecht überlagert werden" (Verkehrswirtschaft) bzw. die Privilegierung von Banken und Versicherungen "als Folge der Art. 85 und 86 EWG-Vertrag sich allmählich aufzulösen beginnt." Auch "im Sektor der leitungsgebundenen Energieversorgung (Elektrizität und Gas) hält der Änderungsdruck, der vom geltenden EG-Recht und der Binnenmarktpolitik der EG-Kommission im Energiebereich herrührt, unverändert an." (1988/89, S. 18)

Der Grund für diese Entwicklung liegt im Wettbewerbsrecht der EU, das die Bereichsausnahmen des deutschen Kartellrechts als unmittelbare Rechtsnorm nicht kennt. Die §§ 99 ff. GWB haben keine unmittelbare Entsprechung im EWG-Vertrag.

Praktisch gab es jedoch in der Vergangenheit nur geringe Unterschiede, weil die *Kommission* der EG von ihrem Recht nach Art. 85 Abs. 3 EWG-Vertrag Gebrauch gemacht hatte, das allgemeine Verbot von Wettbewerbsbeschränkungen für diese Ausnahmebereiche mit dem Mittel sektoraler Anwendungsverordnungen für nicht anwendbar zu erklären. Derartige Freistellungen sind jedoch behördliche Entscheidungen, die von diesen ebenso verändert und widerrufen werden können. Sie sind kein förmliches gesetzliches Privileg.

Damit lassen sich mit Hilfe des europäischen Rechts wettbewerbsstimulierende Maßnahmen in den Ausnahmebereichen eher durchsetzen als auf dem deutschen Markt, wo die fortbestehenden Privilegien der §§ 99 ff. GWB der Wettbewerbspolitik enge Grenzen setzen.

Unmittelbare Anwendung von Europarecht

Von besonderer Bedeutung kann der durch die fünfte Kartellrechtsnovellierung von 1990 aufgenommene § 47 GWB werden, der dem *Bundeskartellamt* das Recht einräumt, das Wettbewerbsrecht der EU unmittelbar anzuwenden. Damit wird dem allgemein geltenden Grundsatz Rechnung getragen, wonach das höherrangige Gemeinschaftsrecht Vorrang vor dem nationalen Recht besitzt.

Erste Verfahren der Umsetzung europäischen Rechts auf nationaler Ebene betrafen folgerichtig die Ausschließlichkeitsbindungen und Gebietsabgrenzungen durch Demarkationsverträge bei leitungsgebundener Energieversorgung.

Beispiele:
1. Der Stromlieferungsvertrag der in der Grenznähe zu Holland gelegenen Stadt Kleve mit der "RWE Energie AG", Essen. Dieser war ein nach § 103 GWB legalisierbarer Konzessionsvertrag, der RWE zum Monopolisten in diesem Gebiet machte. Nach Art. 85 EWG-Vertrag kann darin jedoch eine wettbewerbsbeschränkende Vereinbarung zwischen den Vertragspartnern mit dem Ziel gesehen werden, mögliche Stromlieferungen grenznaher holländischer Anbieter auszuschließen und damit den zwischenstaatlichen Handel in Europa zu beeinträchtigen.

2. Der Demarkationsvertrag zwischen der "Ruhrgas AG", Essen, und der "Thyssengas GmbH", Duisburg, die zu den führenden Ferngasversorgern in Deutschland zählen. Diese hatten ihre Interessengebiete abgesteckt und sich darin jeweils als Monopolisten bestätigt. Bei den vier großen Stadtwerken von Duisburg, Düsseldorf, Köln und Oberhausen sollte eine gemeinschaftliche Belieferung im Verhältnis 50 : 50 erfolgen. Diese Wettbewerbsbeschränkungen konnten nach

§ 103 GWB legalisiert werden, weil die Gasversorgung als Ausnahmebereich gilt, in dem angeblich kein Wettbewerb möglich sei.

Das *Bundeskartellamt* jedoch wandte unmittelbar Art. 85 EWG-Vertrag an, der Marktaufteilungen in der Form gebietsmäßiger Abgrenzungen *unmißverständlich verbietet.* Die Beeinträchtigung des innergemeinschaftlichen Handels wurde darin gesehen, daß die beiden deutschen Unternehmen als Bezieher holländischen und dänischen Erdgases durch ihre Gebietsaufteilungen ein Weiterverkaufsverbot für importiertes Erdgas aussprachen: holländisches Gas, das an die Ruhrgas geliefert wurde, durfte nicht in den Monopolgebieten der Thyssengas verkauft werden. Dadurch wurde der freie Handel über die Grenzen behindert.

Beide Verfahren sind noch nicht (1994) rechtskräftig. Sie haben eine überragende Bedeutung, weil bei einem von den Gerichten bestätigten Erfolg des *Bundeskartellamtes* in viele Fällen das gegenüber deutschen Ansprüchen strengere EU-Kartellrecht zur Anwendung kommen wird. Mit Europa kann es gelingen, den Wettbewerb dadurch zu dynamisieren, daß "die Konkurrenzspielräume nicht weiterhin durch staatlich geduldete Abschottungen verbaut werden." (Handelsblatt 22./ 23.4.1994)

Die Chancen stehen auch deshalb gut, weil die *Kommission* der EG nicht ohne Selbstbewußtsein an den Schutz des Wettbewerbs in der gesamten Union gehen will. Wie der damalige Generaldirektor für Wettbewerb der *Kommission*, Caspari, vor Vertretern von Industrie und Wissenschaft ausführte, könne es sich die Kommission leicht machen: "*Ob es Ausnahmebereiche im nationalen Kartellrecht gibt – wie beispielsweise die Ausnahmebereiche des GWB –, das schert uns in der Anwendung des europäischen Kartellrechts herzlich wenig. Die EG-Kommission wendet die Regeln des Gemeinschaftsrechts an, wenn deren Kriterien erfüllt sind.*" (S. 69)

Verzeichnis der Abbildungen

Literaturverzeichnis

Abromeit, Heidrun: Wettbewerb, in: G.v. Eynern/C. Böhret (Hg.): Wörterbuch zur politischen Ökonomie, 2. Aufl., Opladen 1977

Arndt, Helmut: Macht und Wettbewerb, in: H. Cox, U. Jens, K. Markert (Hg.): Handbuch des Wettbewerbs, München 1981

Arndt, Helmut: Wirtschaftliche Macht. Tatsachen und Theorien, München 1974

Arndt, Helmut/Ollenburg, Günter: Begriff und Arten der Konzentration, in: H. Arndt (Hg.): Die Konzentration in der Wirtschaft, 2. Aufl., Berlin 1971

Bain, Joe S.: Industrial Organization, 2. Aufl., New York, London, Sydney 1968

Bartling, Hartwig: Leitbilder der Wettbewerbspolitik, München 1980

Berg, Hartmut: Wettbewerb als dynamischer Prozeß: Idealtypus und Realität. Dortmunder Diskussionsbeiträge, hekt. Fassung, Dortmund 1989

Berg, Hartmut: Wettbewerbspolitik, in: Vahlens Kompendium der Wirtschaftstheorie und Wirtschaftspolitik, Bd. 2, 5. Aufl., München 1992

Bundeskartellamt: Berichte über seine Tätigkeit sowie über die Lage und Entwicklung auf seinem Aufgabengebiet, Bundestagsdrucksachen, verschiedene aktuelle Jahrgänge

Caspari, Manfred: Europäisches Wettbewerbsrecht und nationale Ausnahmebereiche, in: Problematik der Ausnahmebereiche im Kartellrecht, Referate des XXI. FIW-Symposions, Köln, Berlin, Bonn, München 1988

Chamberlin, Edward H.: The Theory of Monopolistic Competition, 8. Aufl., Cambrigde, Mass., 1965

Clark, John M.: Zum Begriff eines funktionsfähigen Wettbewerbs, in: K. Herdzina (Hg.): Wettbewerbstheorie, Köln 1975

Clark, John M.: Competition as a Dynamic Process, Washington, D.C., 1961

v. Eynern, Gert: Macht, soziale, in: Wörterbuch zur politischen Ökonomie, 2. Aufl., Opladen 1977

Forschungsinstitut für Wirtschaftsverfassung und Wettbewerb: US-Fusionsrichtlinien 1984. FIW-Dokumentation, Heft 6, Köln, Berlin, Bonn, München 1985

Galbraith, John K.: Die moderne Industriegesellschaft, München, Zürich 1968

Giersch, Herbert: Das Prinzip Offenheit. Plädoyer für die Koopkurrenz, in: Wirtschaftswoche Nr. 38/92 vom 11.9.1992

Herdzina, Klaus: Einleitung – Zur historischen Entwicklung der Wettbewerbstheorie, in: K. Herdzina (Hg.): Wettbewerbstheorie, Köln 1975

Herdzina, Klaus: Möglichkeiten und Grenzen einer wirtschaftstheoretischen Fundierung der Wettbewerbspolitik, Walter Eucken Institut, Vorträge und Aufsätze, Heft 116, Tübingen 1988

Herdzina, Klaus: Wettbewerbspolitik, 4. Aufl., Stuttgart 1993

Hoppmann, Erich: Wettbewerb als Norm der Wettbewerbspolitik, (1967), in: K. Herdzina (Hg.), Wettbewerbstheorie, Köln 1975

Hoppmann, Erich: Zum Schutzobjekt des GWB. Die sog. volkswirtschaftlichen Erkenntnisse und ihre Bedeutung für die Schutzobjektdiskussion, in: E.-J. Mestmäcker (Hg.): Wettbewerb als Aufgabe. Nach zehn Jahren Gesetz gegen Wettbewerbsbeschränkungen, Berlin, Zürich 1968

Hoppmann, Erich, Zum Problem einer wirtschaftspolitisch praktikablen Definition des Wettbewerbs, in: H.K. Schneider (Hg.): Grundlagen der Wettbewerbspolitik, Schriften des Vereins für Socialpolitik, N.F. Bd. 48, Berlin 1968 a

Hoppmann, Erich: "Neue Wettbewerbspolitik": Vom Wettbewerb zur staatlichen Mikro-Steuerung, in: Jahrbücher für Nationalökonomie und Statistik, 1970

Hoppmann, Erich: Marktmacht und Wettbewerb. Beurteilungskriterien und Lösungsmöglichkeiten, Tübingen 1977

Hoppmann, Erich: Behinderungsmißbrauch. Die Entwicklung von per-se Verboten für marktbeherrschende Unternehmen – dargestellt am Beispiel der Umsatzrabatte, Tübingen 1980

Kantzenbach, Erhard: Die Funktionsfähigkeit des Wettbewerbs, Göttingen 1966

Kaufer, Erich: Nochmals: Von der Preistheorie zur Wettbewerbstheorie (1967), in: K. Herdzina (Hg.): Wettbewerbstheorie, Köln 1975

Kaufer, Erich, Industrieökonomik. Eine Einführung in die Wettbewerbstheorie, München 1980

Kaysen, Carl/Turner, Donald F.: Antitrust Policy. An Economic and Legal Analysis, Cambridge, Mass., 1965

Kommission der Europäischen Gemeinschaften: XXIII. Bericht der Kommission über die Wettbewerbspolitik – 1993 –, KOM(94) 161 endg., Brüssel 1994

Kuhn, Thomas S.: Die Struktur wissenschaftlicher Revolutionen, Frankfurt 1967

Möschel, Wernhard: 70 Jahre deutsche Kartellpolitik. Von RGZ 38, 155 "Sächsisches Holzstoffkartell" zu BGHZ 55, 104 "Teerfarben", Tübingen 1972

Monopolkommission: Sechstes Hauptgutachten 1984/85. Bundestagsdrucksache 10/5860, Bonn 1986

Monopolkommission: Die Wettbewerbsordnung erweitern. Hauptgutachten 1986/87, Baden-Baden 1988

Monopolkommission: Wettbewerbspolitik vor neuen Herausforderungen. Hauptgutachten 1988/89, Baden-Baden 1990

Monopolkommission: Wettbewerbspolitik oder Industriepolitik. Hauptgutachten 1990/91, Baden-Baden 1992

Müller-Armack, Alfred: Soziale Marktwirtschaft, in: Handwörterbuch der Sozialwissenschaften, Bd. 9, Göttingen 1956

Riecke, Torsten: Im Zugzwang. Kartellstreit um Kunststoffverwertung, in: Handelsblatt, 13.6.1994

Riese, Hajo: Wohlfahrt und Wirtschaftspolitik, Reinbek 1975

Robinson, Joan: The Economics of Imperfect Competition (1933), Nachdruck London 1961

Scherer, Frederic M./Ravenscraft, David J.: The Profitability of Mergers, Wissenschaftszentrum Berlin, 1986

Schmidt, Ingo: US-amerikanische und deutsche Wettbewerbspolitik gegenüber Marktmacht, Berlin 1973

Schmidt, Ingo: EG-Integration: Industrie- versus Wettbewerbspolitik, in: Wirtschaftsdienst 1992/XII

Schmidt, Ingo: Wettbewerbspolitik und Kartellrecht, 4. Aufl., Stuttgart 1993

Schmidtchen, Dieter: Wider den Vorwurf, das neoklassische Wettbewerbskonzept sei tautologisch: Eine Antikritik aus wissenschaftslogischer und markttheoretischer Sicht, in: Jahrbücher für Nationalökonomie und Statistik, 1977

Schumpeter, Joseph A.: Capitalism, Socialism, and Democracy, London 1965

Schuster, Helmut: Wettbewerbspolitik, München 1973

Smith, Adam: Der Reichtum der Nationen, Bd. 1, nach der englischen Ausgabe von Cannan, Leipzig 1910

Tolksdorf, Michael: Hoppmanns neoklassische Wettbewerbstheorie als Grundlage der Wettbewerbspolitik, in: Jahrbücher für Nationalökonomie und Statistik, 1969

Tolksdorf, Michael: Ruinöser Wettbewerb, Berlin 1971

Tolksdorf, Michael: Zur ökonomischen Begründung von Ausnahmebereichen. Bemerkungen zu Hoppmanns Erwiderung, in: Jahrbücher für Nationalökonomie und Statistik, 1973

Tolksdorf, Michael: Stand und Entwicklungstendenzen der Wettbewerbstheorie, in: Wirtschaft und Wettbewerb, 1980

Tolksdorf, Michael: Probleme der Unternehmenskonzentration in der EG, in: FHW-Forschung, Band 20, Berlin 1991

Tolksdorf, Michael: Private Wirtschaftsmacht oder freier Wettbewerb? Probleme der deutschen Wettbewerbspolitik, in: P. Czada, M. Tolksdorf, A. Yenal, Wirtschaftspolitik. Aktuelle Problemfelder, 2. Aufl., Opladen 1992

Wagner, Achim: EWG-Gruppenfreistellung und nationales Kartellrecht, Köln, Berlin, Bonn, München 1993

Willeke, Franz-Ulrich: Grundsätze wettbewerbspolitischer Konzeptionen, Tübingen 1973

Willeke, Franz-Ulrich: Wettbewerbspolitik, Tübingen 1980

Wissenschaftszentrum Berlin: Informationssysteme und Wettbewerbspolitik, in: WZB-Mitteilungen, Heft 59 1993, S. 27 ff.

Zohlnhöfer, Werner: Marktstruktur und funktionsfähiger Wettbewerb. Versuch einer Erweiterung des Konzepts von Kantzenbach, in: Hamburger Jahrbuch für Wirtschafts- und Gesellschaftspolitik, 1991

Zumbusch, Johannes: Fusionskontrolle: Wer paßt zu wem? In: Wirtschaftswoche, Nr. 39/91 vom 20.9.1991

Stichwort- und Namensverzeichnis

180